Camilo Torres

El pensamiento de un revolucionario

Camilo Torres

El pensamiento de un revolucionario

New York • Oakland • London

Seven Stories Press/Ocean Sur
140 Watts Street
New York, NY 10013
www.sevenstories.com

ISBN: 978-1-925019-85-8

156241387

Índice

Prólogo

Las historias se entrelazan. Por estos días de diciembre de 2014 el gobierno y la guerrilla colombianos, en este caso las FARC-EP, concluyen una nueva ronda de sus Diálogos de Paz en La Habana. En la misma fecha, pero cincuenta y cinco años atrás, otra guerrilla, el Ejército Rebelde encabezado por Fidel Castro, daba en el Oriente cubano las últimas estocadas a la dictadura de Fulgencio Batista.

El 8 de enero de 1959 las tropas victoriosas de Fidel, Raúl Castro y el Che Guevara hacían su entrada triunfal en La Habana. Las imágenes tomadas entonces por la televisión dieron la vuelta al mundo. Los jóvenes barbudos que bajaron de la Sierra Maestra parecían dioses bíblicos. Las palomas se posaban sobre sus hombros y millones de personas se arremolinaban en las calles para verlos pasar y tocarlos con sus manos.

Justo al lado de Fidel, uno de aquellos comandantes guerrilleros era especialmente vitoreado por el pueblo. Ataviado con su sombrero alón, la larga barba oscura y la más bella sonrisa jamás vista, Camilo Cienfuegos encarnaba todo el peso de la leyenda de la Revolución Cubana.

Ese mismo día, a miles de kilómetros de la capital cubana, otro Camilo, un sacerdote colombiano a punto de cumplir los treinta años, comprendía que en La Habana ocurría un acontecimiento histórico que marcaría el resto de su propia vida.

Camilo Torres Restrepo no podía saber entonces que, siete años más tarde, él mismo se convertiría en otro símbolo para el mundo: el del sacerdote guerrillero muerto en combate, el del cura vilipendiado por la jerarquía católica, que jamás renunciaría a sus ideas religiosas, porque a través de ellas había llegado al más profundo de sus convencimientos: «El deber de todo cristiano es ser revolucionario, y el deber de todo revolucionario es hacer la revolución».

Una vida que pudiese parecer corta...

Camilo Torres nace en Bogotá, el 3 de febrero de 1929, en el seno de una familia acomodada. Hasta su muerte en 1966, a los treinta y siete años, él sintetizará en su persona la originalidad de los héroes populares latinoamericanos. Sin que nadie le señalase la senda, Camilo cumplirá su opción por los pobres y por el proyecto de liberación nacional.

Es 1947 el año que marca su despegue hacia la inmortalidad. Siendo todavía muy joven, cuando estudiaba leyes en la facultad de Derecho de la Universidad Nacional,[1] decide renunciar al mundo y sus pompas terrenales, para entregarse al ascetismo que le ofrece la comunidad de los monjes dominicos del convento de Chiquinquirá.

Convencido de la oposición de sus padres, Camilo, en vez de confesarles su vocación religiosa, deja una nota escrita y marcha del hogar familiar sin despedirse. Su madre, Isabel Restrepo, totalmente irreverente ante la actitud moralizante de los curas y la mojigatería social de su época, encuentra a tiempo la nota y logra atajar el hijo prófugo antes de la partida del tren. Enfurecida, lo encierra varios días en su habitación.

---

1 Uno de sus condiscípulos era Gabriel García Márquez, con quien guardaría una buena amistad por el resto de su vida. Como sacerdote, Camilo bautizó el primer hijo de su amigo *Gabo*. Y en la época estudiantil, Camilo y Luis Villar Borda publicaban poemas del futuro Premio Nobel en la página universitaria que editaban semanalmente en el periódico *La Razón*, de Juan Lozano y Lozano.

Pero Camilo, más obstinado aun, entra al seminario diocesano en Bogotá, donde se ordena sacerdote en 1954. No es todavía un alma rebelde, sino más bien un hombre entregado al misticismo y al deseo de acercarse al mundo de los pobres y los desposeídos, lo que hace una y otra vez durante sus estudios en el seminario.

De ahí que, recién ordenado, sus superiores lo envían a estudiar Sociología en la muy católica Universidad de Lovaina, en Bélgica, donde obtiene el título en 1958. Su tesis, «Una aproximación estadística a la realidad socioeconómica de Bogotá», deja bien claras las preocupaciones intelectuales del joven egresado.

Es su contacto con las corrientes más progresistas de la Iglesia Católica de la posguerra europea lo que afianza su radicalización. El viaje por algunos países del Este, sobre todo el descubrimiento del socialismo a la manera del mariscal Tito, en Yugoslavia, lo impresionan sobremanera.

Pero la experiencia de mayor impacto en su pensamiento y acción lo constituye el encuentro en París con grupos de cristianos que clandestinamente apoyan la lucha por la independencia de Argelia contra el poderío francés. Por primera vez Camilo Torres vive y siente la emoción de involucrarse en una guerra revolucionaria, y descubre que es posible conciliar el cristianismo con la convicción de tomar las armas por la causa de la liberación.

Listo para nuevos empeños, Camilo regresa a Bogotá en ese mismo 1959 del triunfo revolucionario en Cuba. Es nombrado capellán de la Universidad Nacional y rápidamente se ve rodeado por el ambiente de efervescencia juvenil en pos de lo que está sucediendo en la pequeña isla del Caribe, ya declarada como «el primer territorio libre de América».

Estudiantes de las más diversas disciplinas, incluidos aquellos alumnos suyos de la Facultad de Sociología, que él mismo ayudó a fundar, profesan abiertamente su adhesión a la revolución socialista que se fragua solo a noventa millas de los Estados Unidos.

No es casual entonces que un grupo de aquellos universitarios colombianos viaje a La Habana, supuestamente a seguir cursos de ingeniería. Ya en Cuba comienzan su preparación política y militar. Al regreso a Colombia forman un movimiento insurgente que sigue el modelo del triunfante Ejército Rebelde de Fidel Castro, el Ejército de Liberación Nacional (ELN).

Camilo Torres ya ha madurado lo suficiente para comprender que es el momento de levantar su voz contra las injusticias de un sistema que mantiene a la mayoría de sus conciudadanos en la miseria. Su carácter franco y extrovertido hace el resto. Se haya de pronto, casi sin proponérselo, en el centro mismo de la revolución.

Sin embargo, y a pesar de su identificación con los jóvenes que militan en el ELN, que ya está cuajando en los montes de Santander, Camilo no opta enseguida por una abierta confrontación armada con la oligarquía. Intenta primeramente lograr un cambio radical en las estructuras de poder por todos los medios democráticos que tiene a su alcance.

Hay que tener en cuenta que en los primeros años de la década del sesenta Colombia está bajo la ilusión del recién creado Frente Nacional, bajo el liderazgo de Alberto Lleras Camargo, un importante político que ha desempeñado un papel clave en el derrocamiento de la dictadura militar del general Rojas Pinilla. Su teoría de crear un nuevo sistema que reparta por turnos el poder entre los dos partidos tradicionales, el liberal y el conservador, parece la solución para superar de una vez las rivalidades y los conflictos que tanta violencia y tantos estragos han causado en el pasado.

Esta es una de las vías que Camilo Torres, el joven sacerdote cristiano, ve como alternativa a la violencia armada. Pero lo cierto es que muchas de las propuestas concretas del Frente Nacional, como su Reforma Agraria relativamente progresista, o la llamada Acción Comunal, que pretende que el poder local sea ejercido por los líderes naturales en barrios urbanos y pueblos rurales; así como la creación de la Escuela Superior de Administración Pública (ESAP), para preparar funcionarios estatales «tecnificados y honestos», no son más que parte de una estrategia concebida para contrarrestar el influjo de la Revolución Cubana en América Latina, en total coincidencia con la Alianza para el Progreso impulsada entonces por el presidente J.F. Kennedy.

Camilo sabe que el Estado colombiano, encabezado por Alberto Lleras, no va a realizar una profunda transformación del país. Pero decide aprovechar, hasta donde se le permite, todos los aspectos positivos de las nuevas iniciativas y de los canales institucionales que se abren ante sí, una oportunidad que no todos tienen. Como sacerdote en un país católico, como joven profesional educado en Europa y conocedor de varios idiomas, y como hijo de una familia de abolengo (pues por el lado paterno —los Torres Umaña—, aunque no adinerados, ocupan un lugar reconocido en la sociedad), Camilo tiene abiertas muchas puertas.

Es la época en la que investiga y escribe trabajos tan destacados como sus artículos: «Los problemas sociales en la Universidad actual», «La ciencia y el diálogo», «Crítica y autocrítica», «Encrucijadas de la Iglesia en América Latina», así como la investigación «La violencia y los cambios socioculturales en las áreas rurales colombianas», presentada en el Primer Congreso Nacional de Sociología, que él mismo preside en Bogotá, del 8 al 10 de marzo de 1963.

Esta última es en realidad un ensayo que ocupa un lugar fundamental en el pensamiento de Camilo Torres y también en el desarrollo de las ciencias sociales en Colombia, ya que valoriza, por primera vez, algunos efectos positivos que han sido resultado de la violencia. El solo hecho de tratar el tema de «la violencia» se considera un atrevimiento en la época, cuando aún están frescas las huellas del período llamado justamente por ese nombre. No obstante, Camilo trata esa violencia como «un factor importante de cambio social», e insiste en que los grupos armados que surgieron en el campo, a raíz de lo que había pasado en los años cuarenta y cincuenta (cuando líderes políticos de los dos partidos tradicionales fomentaron una guerra fratricida entre vecinos para apropiarse de sus tierras), estaban derrumbando todo un engranaje de estructuras sociales hasta entonces inmutables. Camilo afirma que, con la formación de cuadrillas de campesinos armados, se ha establecido una nueva jerarquía que desafiaba a las élites tradicionales del poder. En los campamentos guerrilleros se elegían jefes de entre los campesinos más humildes; hombres analfabetos llegaban, con base en su mérito personal, a ser generales. Ellos redactaban con sus compañeros códigos de derecho civil y los hacían cumplir; agricultores, antes escépticos e individualistas, se movilizaban para constituir comunas de apoyo a las fuerzas armadas del pueblo; campesinos, hasta ayer resignados, atacaban a las columnas de soldados del ejército regular, y los vencían. Todo esto no solamente había ocurrido, repite Camilo, sino que continuaba ocurriendo.

Es curioso que este documento, cuando Camilo lo lee ante sus colegas académicos, no haya producido mayor impacto. Porque representa un rompimiento; Camilo, con su ponencia, inaugura una forma novedosa de enfocar los problemas sociopolíticos. Ha comenzado a examinar tanto las causas como los resultados del conflicto que azota al país, y ha descubierto que el problema consiste esencialmente en la exclusión. La sociedad se ha dividido de tal manera que los colombianos hablan dos lenguajes; están enfrascados en un diálogo de sordos.

Convencido de su vocación, y como resultado de su calidad humana, Camilo decide dedicar los mejores esfuerzos a sacudir hasta los cimientos todas las formas de poder, que ya ha reconocido como responsables de las desigualdades y del vertiginoso empobrecimiento de su pueblo.

Logra que lo nombren suplente para la Iglesia Católica en el Instituto de Reforma Agraria, y durante más de dos años asiste a todas las reuniones de la junta directiva y se opone a las maniobras de políticos astutos que buscan utilizar la Ley en favor de los grandes terratenientes. Ejerce como decano del Instituto para el Desarrollo Social dentro de la ESAP, donde hace lo posible por formar varias promociones de funcionarios con una conciencia social y un criterio de servicio a la comunidad. Como profesor de Sociología en la Universidad Nacional, anima a sus alumnos a emprender tareas comunitarias con los moradores de los barrios marginados de Bogotá. Y como capellán de estudiantes, enseña que el cristianismo no se entiende sin el compromiso con los más necesitados.

Trabaja largas e intensas jornadas, hasta que poco a poco va agotando sus posibilidades de lograr cambios genuinos que favorezcan a las mayorías. Su lucha contra quienes detentan el poder es cada vez más evidente y frontal. Algo queda claro: no le van a permitir cuestionar el sistema a fondo, y menos aún aprovechar los instrumentos del Estado para tocar (o amenazar) los intereses del *establishment*.

La respuesta a la osadía del «cura rebelde» no se hace esperar. Entre 1961 y 1964 sufre una verdadera contraofensiva personal, en primer lugar por parte de la propia Iglesia: el cardenal arzobispo de Bogotá lo destituye de la capellanía y de su cátedra en la Universidad; por su parte el director de la ESAP sabotea la escuela para la formación de jóvenes llaneros, que Camilo ha establecido en Yopal; y uno de los jefes del partido conservador, Alvaro Gómez Hurtado, lo denuncia como peligroso comunista ante los miembros de la junta del INCORA.

No le dejan otra alternativa. Renuncia al sacerdocio y se dedica de lleno a la actividad política revolucionaria. Camilo plantea claramente que las transformaciones necesarias en beneficio de las mayorías oprimidas se oponen a los intereses de las minorías económicas que ostentan el poder.

Para 1965 plantea claramente que la vía electoral constituye un engaño. Comparte ya el pensamiento político de la mayoría de las organizaciones revolucionarias latinoamericanas afines a la Revolución Cubana. Sabe además que en el caso específico de Colombia, el bipartidismo liberal-conservador, armado por el Frente Nacional, no da el más mínimo espacio a las alternativas populares. Un aparato electoral en poder de la oligarquía no puede ser más que fraudulento: «el que escruta, elige», afirma entonces.

No queda otra alternativa que la toma revolucionaria del poder por parte de las mayorías populares. El camino de la lucha armada comienza a abrirse a sus pies.

Pero aún antes, ya en 1964, Camilo quiso tomar contacto con los guerrilleros del llamado Bloque Sur, los mismos que más tarde, en 1966, formarían las Fuerzas Armadas Revolucionarias de Colombia (FARC). No había logrado comunicarse con ellos cuando apareció, por primera vez en público, el hasta entonces desconocido ELN. Sus integrantes habían dado un golpe dramático al atacar sorpresivamente el pueblo de Simacota, en Santander, dando muerte a tres policías. Camilo se sintió inmediatamente atraído por la audacia del nuevo grupo y por su radical proclama política. «Con gente como esta», dijo, «se podría trabajar». No tuvo mayor dificultad en relacionarse con ellos, pues algunos de sus más cercanos amigos militaban en las filas del ELN como colaboradores urbanos.

Sin embargo, en 1965, al tomar conciencia de la necesidad de la lucha revolucionaria, Camilo comprende que para lograr el fin debe construirse un aparato político. Funda así el Frente Unido del Pueblo Colombiano. Viaja por todo el país para dirigirse a los cientos de miles de colombianos que colman las plazas públicas. Todos quieren escuchar los planteamientos del sacerdote revolucionario y sus alegatos contra la oligarquía.

Al mismo tiempo, ya a mediados de 1965, el joven se ha puesto en contacto con el ELN y con su principal dirigente,

Fabio Vázquez Castaño. Camilo se compromete en secreto a apoyar la lucha armada y se manifiesta listo para combatir él mismo tan pronto llegue el momento.

Llama la atención que, lejos de cualquier elitismo, Camilo Torres no se autoproclama representante de la clase popular colombiana, ni jefe del Frente Unido; considera que ello depende exclusivamente de la elección de sus miembros. Tampoco quiere presentarse como candidato a los comicios electorales.

En la lectura política que hace del contexto bajo el cual se realizan las elecciones en Colombia, regidas por un abstencionismo cada vez mayor, Camilo tiene claro que la mayoría de quienes se abstienen no están «alineados» ni organizados en grupos políticos; y son para él, por lo tanto, una importante cantera de potenciales revolucionarios, que en un futuro pueden formar parte del Frente Unido.

La incorporación al Frente tras la figura de Camilo Torres comienza a ser cada vez mayor. Sin embargo, él insiste en que el elemento aglutinante debe ser la Plataforma del Frente Unido y no su propia figura. Resalta la preponderancia del factor organizativo sobre el carisma individual y advierte seriamente las limitaciones del caudillismo. Recuerda lo sucedido con el asesinato de Jorge Eliecer Gaitán en 1948.[2] Este ejemplo constituía también una advertencia del propio Camilo acerca de la posibilidad de su asesinato por parte de sus enemigos.

Camilo Torres trabaja activamente para la articulación del Frente Unido (la organización política) con el ELN, como queda claro en algunas de sus cartas. Esto incluye la creación de un periódico (el semanario *Frente Unido*) como órgano de difusión.

---

2 Jorge Eliecer Gaitán (1903-1948), político y jurista colombiano, alcalde de Bogotá en 1936, ministro, congresista y candidato disidente del Partido Liberal a la Presidencia de la República para el período 1946-1950. Su apoyo a las causas de la mayoría oprimida provocó su asesinato, el 9 de abril de 1948, que tuvo como resultado la violenta reacción popular y la represión gubernamental conocida como El Bogotazo.

En octubre de 1965, el comandante del ELN Fabio Vásquez Castaño decide que el momento ha llegado y ordena a Camilo a unirse a la guerrilla en las montañas. Aunque pudo haberle parecido precipitada, Camilo no vaciló en acatar la decisión. Su súbita desaparición hace que muchos de sus seguidores sufran un gran desconcierto, y el Frente Unido, que había movilizado a multitudes, se desintegra en cuestión de días.

En enero de 1966 Camilo lanza su «Proclama al pueblo colombiano» donde, entre otras cosas, dice:

> Ahora el pueblo ya no creerá nunca más. El pueblo no cree en las elecciones. El pueblo sabe que las vías legales están agotadas. El pueblo sabe que no queda sino la vía armada. El pueblo está desesperado y resuelto a jugarse la vida para que la próxima generación de colombianos no sea de esclavos. Para que los hijos de los que ahora quieren dar su vida tengan educación, techo, comida, vestido y, sobre todo, dignidad. Para que los futuros colombianos puedan tener una patria propia, independiente del poderío norteamericano.
>
> Todo revolucionario sincero tiene que reconocer la vía armada como la única que queda. Sin embargo, el pueblo espera que los jefes, con su ejemplo y con su presencia, den la voz de combate.
>
> Yo quiero decirle al pueblo colombiano que este es el momento. Que no le he traicionado. Que he recorrido las plazas de los pueblos y ciudades caminando por la unidad y la organización de la clase popular para la toma del poder. Que he pedido que nos entreguemos por estos objetivos hasta la muerte.
>
> [...]
>
> Yo me he incorporado a la lucha armada. Desde las montañas colombianas pienso seguir en la lucha con las armas en la mano, hasta conquistar el poder para el pueblo. Me he incorporado al Ejército de Liberación Nacional porque en él encontré los mismos ideales del Frente Unido.

El 15 de febrero de 1966, el joven sacerdote cae muerto en su primera acción militar, una fallida emboscada contra una patrulla del ejército nacional, en Patio Cemento, un lugar selvático en el departamento de Santander.

«Camilo murió como un héroe, consciente de que los jefes deben dar el ejemplo. Nunca aceptó sacarle el cuerpo al peligro», expresó El ELN al anunciar su muerte.

Contó su madre que un tiempo antes de irse a la Sierra, Camilo «vino y me dijo: "Tú estás conmigo, ¿verdad?". Yo le contesté: "Sí, hijo, enteramente". Y él entonces me preguntó: "¿Hasta las últimas consecuencias?". "Sí, hasta las últimas consecuencias". "¿Hasta la muerte, mamita?". "No, Camilo; hasta la muerte no. HASTA MÁS ALLÁ DE LA MUERTE"».

Es precisamente Isabel Restrepo, el ser que le dio la vida, quien afirmó: «Camilo nació cuando lo mataron».

Alma cristiana, convicción revolucionaria

Camilo Torres fue cristiano, sacerdote, intelectual, militante, revolucionario... El prototipo del cura guerrillero.

Es imposible, y sería un error imperdonable ante su propio recuerdo, desligar su opción militante de la vocación sacerdotal y su fe cristiana. En aquellos momentos, cuando siente la presión de su madre, opuesta a su decisión de dedicase a la vida sacerdotal, Camilo no titubea y le proclama su vocación con respeto y argumentos que convencen:

> Mamita, este es mi camino. Si me fuera, ¿a qué podría aspirar? Tú me dirás que si quiero hacer algo por mi patria, a Presidente de Colombia. Pero para llegar a ello, dadas las estructuras actuales, sería por estar al servicio de los que repudio. Y luego de llegar, nada positivo podría hacer. Yo elegí al Gran Patrón y, así las cosas, él siempre está de acuerdo y me aprueba. Porque yo sigo y seguiré el camino de Cristo.

> Soy cristiano y para mí todo es claro. Ser cristiano es querer la justicia; ser cristiano es saber amar. [...] Ser cristiano es ser uno más entre todos los que luchan contra la injusticia; no hay otra opción para los que amamos a los demás.

Camilo expresa claramente su elección, indica su opción por el servicio al prójimo; nos dice que su camino es el imperativo cristiano del amor.

En su «Mensaje a los cristianos», el joven sacerdote deja muy claro en qué consiste ese imperativo de amor al prójimo:

> Este amor, para que sea verdadero, tiene que buscar la eficacia. Si la beneficencia, la limosna, las pocas escuelas gratuitas, los pocos planes de vivienda, lo que se ha llamado «la caridad» no alcanza a dar de comer a la mayoría de los hambrientos, ni a vestir a la mayoría de los desnudos, ni a enseñar a la mayoría de los que no saben, tenemos que buscar medios eficaces para el bienestar de las mayorías.
>
> Esos medios no los van a buscar las minorías privilegiadas que tienen el poder, porque generalmente esos medios eficaces obligan a las minorías a sacrificar sus privilegios. [...]
>
> Es necesario, entonces, quitarles el poder a las minorías privilegiadas para dárselo a las mayorías pobres. Esto, si se hace rápidamente, es lo esencial de una revolución.
>
> [...]
>
> Por eso la Revolución no solamente es permitida sino obligatoria para los cristianos que vean en ella la única manera eficaz y amplia de realizar el amor para todos.

Hombre de su tiempo, Camilo se sitúa en el contexto eclesial del Concilio Vaticano II, del Papa Juan XXIII, donde se producen profundas reformas en la perspectiva oficial de la Iglesia con respecto a muchas cuestiones, tanto de culto (el joven sacerdote dejó de dar misa en latín, de espaldas a la feligresía), como en relación con la cuestión social. También se inscribe en la posición que reconoce en el cristianismo una larga tradición histórica de lucha por la liberación de la opresión.

Todas estas opciones son prueba de su coherencia y convicción. Su rigurosidad como sociólogo se nutría con su presencia como investigador y militante en el lugar mismo de vida de los sectores populares.

Es así inevitable su confrontación con los jerarcas de la Iglesia Católica. Su superior eclesiástico, monseñor Concha Córdoba, cardenal arzobispo de Bogotá, no iba a permitir de ninguna manera que este sacerdote contestatario aprovechara su investidura religiosa para predicar la revolución. Entonces, después de varios agrios enfrentamientos con el cardenal, Camilo se encontró obligado, muy a pesar suyo, a solicitar lo que se llamaba la «reducción al estado de laical». Y efectivamente la solicitó. Sus más cercanos amigos sabían muy bien cuánto le costó dar este paso; para él, el sacerdocio y el ritual de la santa misa eran de una inmensa importancia. Pero Camilo no quiso librar una batalla contra la Iglesia Católica; al contrario, amaba la Iglesia. Solo lamentaba que muchos miembros del clero estuvieran al servicio de los poderosos, en vez de estar identificados más bien con los intereses de lo que él llamaba «la clase popular».

El ejemplo de Camilo Torres, y de otros sacerdotes, monjas y laicos que sufrieron persecución y muerte por su compromiso con el proyecto de una sociedad diferente, suele ser visto como una rareza o incluso como el abandono de su fe católica por una ideología. Dentro de la propia Iglesia hay quienes han considerado que ellos representaban «otra Iglesia».

Esta visión no es compartida por todos los católicos. El propio Camilo Torres y aquellos que constituyen la vertiente denominada Teología de la Liberación, de la cual se considera precursor, se asumen como parte de una Iglesia en la cual conviven dos proyectos diferentes. Estos dos proyectos no surgen en la década de 1960; tienen sus raíces desde muchos siglos antes.

El Modelo de Iglesia Popular cambia finalmente la concepción hegemónica de la Iglesia oficial e institucional. A diferencia de esta última, el sujeto privilegiado de la evangelización y principal protagonista del Reino pasan a ser las clases oprimidas.

Para el año 1968, las transformaciones propiciadas por el Concilio Vaticano II estarán dando sus frutos y en amplios sectores de la Iglesia latinoamericana dejará de hablarse de «desarrollo» y comenzará a postularse el compromiso cristiano de liberación, inseparable de las mayorías populares. Dentro de la Iglesia institucional, este compromiso culminará en la II Conferencia General del Episcopado Latinoamericano, realizada en Medellín durante ese año. Fuera de la Iglesia institucional, ese proceso asistirá a la proliferación de múltiples y variadas experiencias revolucionarias, principalmente a través de la lucha armada. La inmensa mayoría de ellas adoptará a Cuba como modelo arquetípico de la nueva sociedad.

Por su opción religiosa a favor de los pueblos oprimidos y por su inequívoca adhesión política al camino emprendido por el Che Guevara y la Revolución Cubana, Camilo Torres sufrirá persecución, tanto fuera como dentro de la Iglesia.

Camilo no solo se proclama revolucionario como cristiano, sino que jamás consideró que esa condición tuviese que desembocar en el anticomunismo (habitualmente preconizado por la Iglesia institucional). No solo reconoce elementos revolucionarios en el comunismo, sino también sus análisis y perspectivas teóricas acerca de la desigualdad y la opresión, y la coincidencia de la justicia de muchas de sus proclamas con el imperativo cristiano de servicio y amor al prójimo.

Varias décadas después de su caída en combate, la luz de Camilo no se apaga. Camilo fue, es y será siempre ejemplo de todos los cristianos y las cristianas que interpretan claramente que el mensaje liberador del cristianismo y su mandato de amor al prójimo significan el compromiso explícito con las mayorías oprimidas, con los pobres, con los explotados y excluidos de la Tierra.

Camilo Torres Restrepo es considerado por muchos en el mundo como el Che Guevara de los católicos. Al ofrendar su vida por la revolución socialista, al ser baleado por la tropa de lo que él llamaría «el ejército de la oligarquía» mientras luchaba en defensa de los humildes, Camilo se convirtió en héroe.

Es evidente que el joven sacerdote no inventó la nueva Iglesia; pero formó parte de ella, y terminó convertido en una de sus figuras estelares, por no decir en uno de sus santos. Su decisión de tomar las armas y colocarse al lado de los oprimidos partió en dos la historia de la Iglesia Católica en América Latina. Fue una acción espontánea; Camilo no se puso a calcular el grado de novedad o de radicalismo que suponía su postura. Se podría decir, incluso, que cargar un fusil iba en contra de su carácter; por temperamento —y por formación— era un hombre pacífico y conciliador. Pero se mostró implacablemente fiel a su más profunda convicción: la de que el cristianismo bien entendido suponía la creación de una sociedad justa e igualitaria. Sin eso —es decir, sin un cambio radical en las estructuras del poder—, la eucaristía no solo carecía de sentido, sino más bien representaba un contrasentido. La misa pretende celebrar la fraternidad. Y Camilo sintió que era preciso crear una situación de fraternidad para que la misa no fuera mentira, para que no se redujera a un rito vacío. Sintió la obligación de hacer la revolución —o al menos morir en el intento— antes de poder consagrar el pan y el vino y compartirlos con sus correligionarios alrededor de una mesa.

Mártir de características netamente cristianas, su legado se multiplicó por toda la América Nuestra. Surgió una guerrilla urbana en Argentina que invocaba a Camilo y a la ética cristiana. Chile vio el nacimiento de Sacerdotes para el Socialismo, un movimiento que ayudó a abrir camino para el gobierno de Salvador Allende. Más tarde, en

Nicaragua, los hermanos Cardenal y otros distinguidos clérigos iban a comprometerse con la Revolución Sandinista contra Somoza y con la construcción de un nuevo Estado.

Todos, de algún modo, encontraron su inspiración en Camilo Torres, el precursor. Para comprobarlo, es suficiente recordar la fecha de su sacrificio en las montañas de Santander un año y medio antes de la quijotesca hazaña, y luego el asesinato, del Che Guevara en Bolivia.

Y sin embargo, a diferencia del guerrillero argentino-cubano, a veces parece desplomarse en el olvido en su propio país natal. Camilo cayó muerto del primer tiro de un soldado en su única acción militar, y sus restos mortales fueron sepultados por decreto del gobierno en algún lugar clandestino. Como sucedió con los restos del Che, debería exigirse una tumba honrosa para sus huesos. No para iniciar un culto caracterizado por novenas y milagros, sino para darle una presencia física en algún sitio apropiado, con el fin de recordar su grito contra las mil injusticias cometidas a diario en su patria.

De haber sobrevivido, y porque la historia es terca, quizá Camilo Torres hubiera sido como el sacerdote Guillermo Sardiñas, que bajó con Fidel Castro de la Sierra Maestra, con sus grados de Comandante y su sotana verde olivo diseñada por el otro Camilo, el Cienfuegos cubano.

O, mejor aún, de haber estado vivo, Camilo Torres de seguro habría integrado la mesa de negociaciones en los Diálogos de Paz, que por estos días transcurren en La Habana.

César Gómez
La Habana, diciembre de 2014.

La violencia y los cambios socioculturales en las áreas rurales colombianas*

(Segunda parte)

La movilidad social ha sido siempre considerada como un elemento de cambio social. Sin embargo, nos parece necesario distinguir entre una movilidad social simplemente material y una movilidad sociocultural.

La movilidad social material consiste en el simple paso de individuos de un grupo social a otro, de un área geográfica a otra, de un *status* o de una clase social a otros.

La movilidad social cultural implica necesariamente el cambio de las estructuras de los valores, de la conducta, y por ende de las instituciones sociales, como consecuencia de la movilidad material. La relación entre la movilidad social material y la movilidad sociocultural es evidente, tanto desde el punto de vista cuantitativo, como desde el punto de vista cualitativo.

Cuantitativamente: si el paso de individuos de un grupo a otro o de un área a otra se realiza en forma masiva, es muy difícil evitar

---

* Tomado del trabajo presentado al Primer Congreso Nacional de Sociología que se realizó en Bogotá del 8 al 10 de marzo de 1963, cuya presidencia ocupó Camilo Torres. *(N. del E.)*.

que en el proceso de asimilación se produzcan cambios socioculturales, tanto en los individuos que llegan como en los individuos que reciben. El conformismo de los que pasan no puede ser debidamente controlado.

Por el contrario, si el paso lo realiza un grupo pequeño y en forma lenta, es muy probable que los patrones socioculturales de la sociedad que recibe permanezcan prácticamente inmutables y los elementos nuevos sean los únicos transformados por la movilidad social, ya que en este caso se impondría el conformismo como requisito para la aceptación de los nuevos elementos.

Cualitativamente, es necesario distinguir el tipo de individuos que se movilizan. No es lo mismo el ascenso de un líder que el ascenso de una persona sin influencia en su grupo social. También es necesario distinguir los requisitos de la movilidad social. Es posible que para una movilidad horizontal no existan exigencias de parte de la comunidad receptora, mientras que para una movilidad vertical ascendente sea necesario ajustarse a los patrones de ascenso social de las instituciones que controlan ese ascenso, es decir, sea necesario el conformismo.

En el presente análisis consideramos la movilidad social no solamente desde el punto de vista material, sino desde el punto de vista sociocultural, por cuanto en nuestro parecer este aspecto es el que más directamente interesa al estudio del cambio social.

No obstante que la movilidad social en el campo con relación a la ciudad es una característica general, en los países subdesarrollados representa caracteres más agudos.

Es difícil hacer esta constatación respecto a la movilidad horizontal, si por ella entendemos la corriente migratoria hacia los centros urbanos.

El rápido crecimiento de las grandes ciudades de los países subdesarrollados, debido fundamentalmente a la migración del campo, es un indicio de que la movilidad horizontal rural en estos países es mayor que en los países desarrollados. Además, a pesar de las deficiencias de los transportes, los factores de expulsión del campo y de atracción a la ciudad tienen una mayor importancia en los países no industrializados.

En cuanto a la movilidad vertical descendente, dada la existencia de círculos viciosos descendentes dentro de la estructura socioeconómica de los países en desarrollo, es mucho más fuerte en estos que en los desarrollados, especialmente en lo que a áreas rurales se refiere. El aumento de población rural no puede ser seguido por el aumento de la productividad. La subdivisión de la tierra recrudece el problema del minifundio, y aumenta con cada nueva generación. La mano de obra se abarata con el aumento de la población, que no va acompañado de un aumento proporcional de oportunidades de trabajo y de productividad.

En lo que hace a la movilidad vertical ascendente, trataremos de analizar la situación en los países subdesarrollados, basándonos en un análisis de los canales de ascensión social en estos países.

Consideramos que este análisis nos permite ver tanto el aspecto cuantitativo como el aspecto cualitativo, para así tratar de determinar los requisitos impuestos por las instituciones que controlan el ascenso, requisitos que están estrechamente ligados al aspecto cuantitativo, debido al volumen de población que pasa de una clase a otra.

Dentro de estos canales queremos considerar los siguientes como los principios: el canal económico, el cultural, el político, el burocrático, el militar y el eclesiástico.

Canal económico

La posesión de bienes de producción y de bienes de consumo constituye, en general, un medio rápido de ascenso en la escala social. En un régimen de empresa privada, la habilidad para enriquecerse es absolutamente relativa a la calificación como empresarios que tenga el promedio de la población. En otras palabras, la competencia para ascender en lo económico no requiere necesariamente una calificación a largo plazo, como es el caso en el terreno de lo cultural, lo militar y lo eclesiástico. La competencia en la posesión y utilización de bienes y servicios no requiere más calificación que la relativa, sin ninguna exigencia por parte de la naturaleza misma de este canal de ascenso.

Poseer y utilizar es algo que todo el mundo sabe hacer. Es mucho más fácil aún que administrar o mandar. Por eso el canal económico es, en sí mismo, aún más rápido que el burocrático y el político.

Por otra parte, del ascenso económico dependen las necesidades vitales del hombre en un régimen de empresa privada y aun en un régimen colectivista en lo que a los bienes de consumo se refiere.

Por estas dos razones, entre otras, la oclusión del canal económico para el ascenso social constituye una de las más serias frustraciones sociales, especialmente en los países subdesarrollados, en donde la calificación humana es baja y el ingreso nacional es reducido. Cuando esta frustración se hace consciente y se abren posibilidades de solución, aparece el verdadero «problema social». Ahora bien, una de las características de los países subdesarrollados es la de la concentración de los bienes y de los servicios en pocas manos. Los pocos poseedores, en general, obstruyen los canales de ascenso económico mientras el abrirlos no les aporte una ventaja. Los que comienzan a salir de su mentalidad feudal de poseer en lugar de producir, los que comienzan a tener una mentalidad capitalista, de mayor productividad, abrirán los canales económicos a aquellos que puedan llegar a ser mejores consumidores. Los abrirán también en la medida en que una presión social de abajo hacia arriba haga peligrosa la estructura económica de la que estos poseedores usufructúan. Sin embargo, estas dos circunstancias —mentalidad de productividad y presión social de base— son dos índices de comienzo de desarrollo. En donde no existen, la obstrucción del canal económico de ascenso es casi total. Esta oclusión es mayor en las áreas rurales; la baja productividad de la empresa agropecuaria y la economía de subsistencia en las áreas rurales de los países subdesarrollados hacen que la demanda efectiva de productos aumente más lentamente con el aumento del ingreso *per capita* que lo que aumenta en las áreas industriales. Además, el tradicionalismo rural impide el cambio rápido de los hábitos de consumo en la población campesina. Esto hace que, aunque exista la mentalidad entre los poseedores de abrir canales de ascenso económico para aumentar el consumo y la demanda, los habitantes del campo sean los últimos en ser considerados como futuros clientes.

Respecto del miedo a la presión social, los campesinos también están en condiciones de inferioridad. El aislamiento social, el individualismo, el tradicionalismo, hacen difícil que el campesino se constituya en un grupo de presión. Sin contactos sociales que desencadenen cambios de esas y otras variables, el campesinado no constituirá un peligro para la estructura económica vigente.

Como lo anotamos atrás, la violencia hace que el campesinado comience a constituirse en un grupo de presión. La violencia que dio a este conciencia de sus necesidades, conciencia de sus propios recursos humanos para superarlos, lo saca de la pasividad tradicional y lo organiza con solidaridad de grupo para fines bien específicos. Desarrolla el conflicto respecto del extragrupo y lo institucionaliza.

En lo que se refiere directamente al ascenso social por el canal económico, la violencia tuvo dos efectos primordiales: en primer lugar, creó los contactos necesarios para despertar la conciencia campesina respecto de su miseria, agudizando esta en todas las áreas en donde el fenómeno se produjo; en segundo lugar, y simultáneamente, introdujo instrumentos para lograr fines económicos en todas las escalas de la jerarquía social. Desde el efecto político-económico de asegurar un botín burocrático para la clase gobernante, pasando por la adquisición de grandes fincas devaluadas por la violencia, la confiscación de las cosechas, la abstención de pago de deudas a personas públicas y privadas, hasta el negocio del tráfico de armas, la confiscación de animales y pequeñas propiedades, etcétera. El campesino, junto con la conciencia de su miseria, adquirió por el fenómeno de la violencia instrumentos considerados como anómicos por la sociedad colombiana, pero que resultaban eficaces para el ascenso social. Tanto en este canal como en los que analizaremos a continuación, veremos cómo la oclusión de las vías normales de ascenso, siempre y cuando exista una presión en la escala social para subir, produce la creación de canales anormales o patológicos, si estos canales se presentan como eficaces. (Empleamos las palabras normal y anormal con relación a los patrones culturales aceptados formalmente por la mayoría de la sociedad colombiana).

Después de la violencia, el campesino ha tomado el hábito de buscar su ascenso económico o al menos su subsistencia por cualquier canal.

Aceptando la existencia de una criminalidad definida entre los grupos guerrilleros, las nuevas generaciones de campesinos no podrán combatir eficazmente la violencia si no se abren canales normales de ascenso económico que resulten eficaces para la mayoría de la población rural.

Canal cultural

Por «cultura» entendemos el conjunto de valores, patrones de conducta e instituciones que se transmiten de una generación a otra dentro de una sociedad. No incluye ningún juicio de valor favorable.

Cuando hablamos de ascenso sociocultural queremos referirnos a la adquisición de aquellas formas culturales que pertenecen a una clase o *status* social superiores. Estas formas se pueden adquirir directa o *indirectamente*. Indirectamente, si se ha llegado a un determinado *status* o clase por un canal distinto al cultural y se adquieren esas formas por integración y asimilación a la nueva clase o *status*. Directamente, por la integración y asimilación formal de los nuevos valores e instituciones que se realiza mediante la educación institucionalizada.

Aquí queremos referirnos a esta última forma de adquisición directa.

Enseñanza primaria

Dada la escasez de planteles educativos y de maestros para la enseñanza primaria en los países subdesarrollados —alto grado de analfabetismo—; dada la concentración urbana de la enseñanza; dado el ausentismo escolar, debido principalmente a razones económicas, las posibilidades de adquirir nuevas formas culturales están limitadas a una parte de la sociedad y en una proporción desfavorable para el campesino. En Colombia, el sistema rural de escuela alternada agrava aún más esta situación. La escasez de planteles y de horas de clase y la concentración urbana hacen que, en general, haya una correlación positiva entre *status* económico y nivel de escolaridad primaria.

Esta correlación se hace mayor si consideramos que el ausentismo escolar, debido en gran parte a la necesidad de hacer trabajar a los niños, tiene una gran influencia en la escolaridad.

Enseñanza secundaria

La incidencia del factor económico sobre el canal cultural se hace predominante en el nivel secundario de enseñanza en aquellos países en los cuales, como en Colombia, la enseñanza secundaria privada y eclesiástica representa una mayoría de la enseñanza secundaria —82% de los alumnos—. Es lógico que esta, sin subsidios y sin controles eficaces, sea costosa y se haga patrimonio casi exclusivo de la clase económicamente alta. Los escasos colegios oficiales o de bajas pensiones constituyen una minoría. Sin embargo, aun dentro de estos mismos planteles, las influencias provenientes de los detentadores del poder económico impiden la capilaridad total de dichos establecimientos. Respecto del resto, la influencia de lo económico es claramente predominante.

Podemos afirmar, sin temor a equivocarnos, que el ascenso cultural, en esta etapa secundaria de la escolaridad, está determinado por las posibilidades de ascenso económico. Si este está obstruido, lo estará también aquel.

Enseñanza universitaria

La enseñanza universitaria en los países subdesarrollados no es especialmente costosa en cuanto al pago de pensiones se refiere. Las instituciones privadas no tienen tanta importancia como para que el promedio por matrícula y derechos de estudio que deben pagar los estudiantes sea demasiado alto —en Colombia, 50% aproximadamente de los alumnos—. Esto no excluye la existencia de pensiones altas para esa minoría de universitarios que asiste a las universidades privadas.

La oclusión de esta etapa del canal cultural se produce más por las limitaciones cuantitativas y por las limitaciones a la capilaridad de la etapa anterior —de la enseñanza secundaria—. El cupo es generalmente muy reducido con relación a la demanda. En Colombia, donde tenemos un freno tan acentuado en la enseñanza secundaria, de 16 000 estudiantes que se presentaron como aspirantes a ingresar a la universidad en 1958, solamente lograron hacerlo 9 800. Además, se calcula que de los ingresados solamente el 40% llega al final de la carrera (cfr. «Estadística de la Educación Superior, 1958», Asociación Colombiana de Universidades, Bogotá, D.E., 1961). Esta restricción cuantitativa hecha a base de selección perfeccionista tiene múltiples causas —dentro de las cuales está el burocratismo—. Sin embargo, es necesario reconocer que la pobreza de las universidades oficiales con relación a la necesidad de dirigentes que tienen los países subdesarrollados es bastante notoria. Esto hace que el factor económico determine en buena parte la oclusión del canal cultural en esta fase. Con todo, es necesario llevar el análisis más adelante. El perfeccionismo en la selección y la especialización, en que insisten los programas universitarios, representa en parte instrumentos de la élite intelectual para obstruir el canal cultural de ascenso y descartar lo más posible la competencia que pondría en peligro sus privilegios. Sabemos que toda especialización, al diversificar la competencia, la debilita. Esto explica por qué, no obstante que ni la estructura de los países en desarrollo ni las tendencias universitarias actuales lo aconsejan, se insiste tanto en especializaciones propias de países industrializados y en seleccionar un *minimun* de futuros profesionales basándose en criterios perfeccionistas.

Como conclusión, podemos afirmar que el canal cultural de ascenso en esta fase superior se encuentra obstruido por factores económicos y culturales.

Es necesario hacer notar que en el nivel profesional es muy difícil poder ascender sin un criterio conformista respecto de las élites culturales en los países en desarrollo. Estas élites, por tener el control del ascenso, es raro que lo toleren para individuos que quieran mermar ese control. Claramente vemos en la universidad cómo el nivel de conformismo asciende a medida que se acerca el fin de la carrera y se necesita ser aceptado por la élite profesional que se mantiene como tal gracias a las estructuras vigentes.

Estos requisitos de ascenso hacen que la movilidad social por este canal sea más de carácter material que de carácter sociocultural, lo que implica una ausencia de cambio en las estructuras sociales del país.

Respecto de las áreas rurales, sería interesante hacer un estudio más a fondo del porcentaje de estudiantes de origen campesino que están en la universidad (Robert Williamson: *El estudiante colombiano y sus actitudes,* Facultad de Sociología, monografía no. 13, Bogotá, 1962, trae un porcentaje de 6,2 de hijos campesinos) y en la enseñanza secundaria. Dada la estructura antes descrita, podríamos afirmar que es una minoría. En esta forma, la obstrucción del canal cultural es aún más profunda respecto del campesinado.

No obstante algunas exigencias esporádicas de instrucción formal que los grupos guerrilleros hacían a sus miembros, no podemos decir que la violencia hubiera constituido un nuevo canal en el ascenso social por la vía cultural formal. Por el contrario, la ya precaria instrucción de nuestras zonas rurales fue afectada por la destrucción de las escuelas, la fuga de los maestros y la imposibilidad de los niños para asistir a los planteles educacionales. Sin embargo, es importante anotar que, después de haber sufrido el proceso, los campesinos tienen una conciencia mayor de la necesidad de educarse y si, por los otros factores antes anotados, el campesinado se ha constituido en un grupo de presión, esa necesidad sentida de instrucción y de progreso será uno de los objetos primordiales de su acción.

Durante las encuestas hechas para llevar a cabo proyectos de reforma agraria, se ha podido constatar cómo quizá la primera necesidad sentida por el campesinado colombiano de las zonas de violencia es la necesidad de una escuela para poder mandar a sus hijos.

La violencia no ha constituido un progreso en la instrucción formal del campesino sino por la reacción que ha producido y por el deseo de progreso que ha sembrado entre los campesinos azotados por el fenómeno.

Canal político

Como el canal de ascenso cultural, el canal de ascenso político lo encontramos también dividido en niveles diferentes y en sus aspectos de formal e informal. Por ascenso político entendemos, en general, el ascenso en el poder de gobierno coercitivo sobre las personas. Ese gobierno coercitivo puede hacerse dentro del Estado, o por medio de las presiones individuales y colectivas. Nosotros tomaremos el concepto restringido de poder político, considerándolo como «acción política en cuanto tal», es decir, dentro de la estructura del Estado, como acción política formal (cfr. Max Weber). Ahora bien, esta acción política formal se ejerce por medio de funciones del Estado. Por eso nos limitaremos a examinar la posibilidad de ascenso en las posiciones políticas del gobierno, excluyendo de este canal la administración —que será considerada en el canal burocrático—. Dentro de estas posiciones encontramos las del nivel nacional, de nivel departamental y las de nivel municipal.

Las del nivel departamental y nacional están prácticamente vedadas para la masa campesina, en los países subdesarrollados. Fuera de algunas pocas excepciones en aquellos de estos en donde existen verdaderos partidos agrarios de raigambre popular y de fuerza electoral, el campesinado está excluido de cargos a tales niveles.

Respecto de los cargos al nivel municipal, debemos analizar los procesos de ascenso y sus requisitos para constatar la capilaridad del canal político, aunque sea en esta primera etapa.

En general podemos decir que los criterios de selección de los funcionarios oficiales en los países subdesarrollados y en América Latina, en especial, no se hacen con base en criterios objetivos de eficiencia profesional y administrativa, sino con base en criterios económicos, sociales y electorales.

La institución del «gamonalismo», aunque es más una institución informal de acción políticamente orientada (cfr. Max Weber) que una institución política formal, tiene una gran influencia en los criterios para proveer los cargos oficiales. El «gamonal» (así se llama en Colombia al líder tradicional a escala local) es un candidato en sí mismo o es un elemento decisivo en la elección del candidato a consejero, alcalde, juez o cualquier otro cargo a escala municipal. Su influencia está basada en la superioridad económica y social que tenga trascendencia en los fenómenos electorales. Aun en países en donde —como en Colombia— la elección de la mayoría de los funcionarios municipales es más administrativa que electoral, la influencia sobre los votos es un criterio decisivo en la selección de estos. Sin embargo, dentro de este canal no consideraremos los funcionarios que no tengan un poder de decisión de carácter coercitivo sobre los ciudadanos, para diferenciar el canal burocrático del canal político. Dentro de los funcionarios formalmente políticos tenemos a los consejeros municipales, al alcalde y al juez —para el caso colombiano—. A los militares no los consideraremos como funcionarios y por eso dedicaremos un análisis especial a ese grupo social. Los otros funcionarios municipales pueden tener una influencia política, pero no son políticos en el sentido explicado arriba.

En algunos países subdesarrollados, como en Colombia, ciertos funcionarios políticos municipales son nombrados por las autoridades regionales y centrales. En este caso, el nombramiento se hace principalmente con base en la adhesión que los candidatos presten a la política gubernamental, siempre y cuando esta adhesión esté unida al prestigio social en su comunidad. Son, pues, definitivos en este caso, como factores de ascenso político, aquellos que determinan los criterios de los mandatarios centrales y aquellos que constituyen el prestigio social a escala municipal.

Naturalmente, para hacer afirmaciones fundamentales sobre dichos factores, sería necesario hacer investigaciones detalladas y científicas. Con todo, a manera de hipótesis de trabajo podemos afirmar que los que detentan el poder, por ser una minoría, que en general no ha ascendido gracias a calificaciones y criterios objetivos de selección, tendrá como características:

La actitud conservadora respecto de las estructuras vigentes

Al hablar de las estructuras vigentes, nos referimos aquí principalmente a los canales de ascenso social que ya analizamos: los canales económico y cultural. Creemos que la minoría política está interesada en los mecanismos de obstrucción de estos canales porque en su modificación va su propia cabeza, si no como individuos, ciertamente como clase privilegiada. Por esto, únicamente a los conformistas les es otorgado el ascenso social.

Si esta élite política no es en sí misma poseedora de los bienes de producción, depende estrechamente de la élite económica de la cual es subsidiaria en su vida pública y, por lo tanto, en su vida general, ya que la política económica, tan básica en la política general de los países subdesarrollados, no podrá llevarse a cabo sin la colaboración de esa élite.

Además, si pertenece a la élite cultural —lo que generalmente debe ser el precio que paga el jefe político a la clase dirigente por no pertenecer a la élite económica—, la influencia del poder económico también se ejerce directa e indirectamente, como lo explicamos al hablar del canal cultural de ascenso social.

La inseguridad social

La inseguridad social en la posición directiva es un resultado de la subjetividad en los criterios de ascenso. El individuo que asciende depende de otra persona y no de requisitos objetivos e impersonales que le aseguren su estabilidad ocupacional.

La agresividad respecto de los miembros del extragrupo

La agresividad es un resultado natural de la situación como minoría y como minoría insegura.

Las características de la élite política que consideramos atrás producen una oclusión del canal político del ascenso social para los funcionarios políticos que dependen en su designación de la minoría política, más aún, de las personas mismas de esa minoría que ejerce el poder central. Dentro de los factores de oclusión, el factor económico con y por el cultural parece predominante. El criterio fundamental para el ascenso político tiene que ser, por lo tanto, el conformismo respecto de las personas de la clase dirigente; claro está que, ante una igualdad en el grado de conformismo, se escogerá el más capacitado. Sin embargo, esta estructura del ascenso político hace que la movilidad vertical sea puramente material y que las estructuras socioculturales se preserven de todo cambio social.

En cuanto al prestigio social a escala municipal, vemos que el factor económico es igualmente predominante. En la influencia política del gamonal debemos considerar este factor como básico. La simpatía personal, la habilidad, deben estar subordinadas a un respaldo económico propio o ajeno. Sin embargo, a escala municipal las dos primeras cualidades tienen una relativa importancia, ya que las relaciones primarias también la tienen; más aún en el área rural.

El prestigio social no es solamente la base de la selección de los funcionarios nombrados en forma jerárquica, sino también de aquellos elegidos en forma democrática. Por eso, estos criterios de prestigio social rigen también el ascenso político de los funcionarios elegidos.

Con todo, la influencia del factor económico no actúa únicamente a través de prestigio, sino aun directamente respecto de los funcionarios elegidos. El proceso electoral se hace bajo una serie de presiones económicas, tales como la amenaza de despido o la promesa de alguna prebenda. Las elecciones en los países subdesarrollados, aun sin mencionar el fraude electoral, son dirigidas por las minorías a través de los directorios políticos centralizados y de los gamonales, a través de presiones económicas, sociales y religiosas que tienden a procurar el respaldo a las estructuras vigentes, a consolidar la oclusión de los canales de ascenso social. Es decir, presiones que hagan seleccionar únicamente a los elementos conformistas.

En esta forma vemos cómo el canal político de ascenso social está obstruido, en los países subdesarrollados, para una mayoría de la población que no tiene recursos económicos, ni amistad personal con los detentadores del poder económico, ni cultura formal suficiente unida al poder económico y/o a la amistad en referencia: amistad que está ligada estrechamente al conformismo respecto de las estructuras vigentes.

La violencia estableció un nuevo sistema de gobierno informal en las áreas campesinas en donde surgió. Aunque sería difícil determinar el porcentaje de antiguos líderes tradicionales o gamonales dentro del nuevo liderazgo guerrillero, es evidente que muchos de estos nuevos jefes no hubieran nunca logrado el poder que adquirieron por medio de la violencia (Germán Guzmán Campos, Orlando Fals Borda y Eduardo Umaña Lima: *La violencia en Colombia,* cap. VI, «Semblanza de jefes guerrilleros») dentro de las estructuras normales de ascenso social.

Los campesinos a quienes había sido vedada toda posibilidad de influjo en el gobierno de su propio destino y de los destinos del país, encontraron en las diversas escalas del nuevo poder establecido por la violencia la oportunidad de ascender.

Se ha hablado de la existencia de repúblicas en el interior del país; se sabe que hay zonas controladas por jefes guerrilleros. El hecho es que a escala regional ha surgido un gobierno informal y anómico que tiene, en ocasiones, más poder que el gobierno legal.

Como lo dijimos atrás, no es de extrañar que los directorios políticos traten de pactar con los nuevos líderes. El gamonalismo tradicional comienza a perder influencia en favor de un liderazgo guerrillero, mucho menos conformista. Esta transformación de poder ha influido sobre la estructura social de nuestras comunidades rurales. La clase media que habita en los núcleos centrales de los municipios —«pueblos»— y que usufructuaba los beneficios del poder, de la administración y del control económico y social en general, ha perdido su fuerza por la importancia adquirida de esos grupos periféricos capitaneados por nuevos jefes en las veredas de los municipios.

Podemos decir que, en cierta manera, el poder político informal se ha democratizado en nuestras áreas rurales y ha adquirido una actitud francamente anticonformista. Actualmente en forma patológica y anómica. Sin embargo, constituye una base para la promoción del campesinado veredal que hasta entonces había sido un grupo marginal, tanto respecto del país como respecto de la misma comunidad rural.

Si la acción comunal, la reforma agraria y los demás movimientos populares encauzados por el gobierno dentro de las comunidades agrícolas no logran abrir canales normales —claro está, indirectamente— para el ascenso político de los líderes campesinos de base, la violencia seguirá siendo el único canal político de ascenso efectivo para el campesinado colombiano no conformista.

De todas maneras, aunque surjan nuevos canales de ascenso normal, la estructura de estos será necesariamente diferente de la de los canales actualmente existentes. El requisito para el ascenso futuro no podrá ser más el conformismo político; los nuevos pactos con los líderes campesinos tendrán que ser hechos con base en la influencia popular que estos tengan. Influencia que, a la vez, estará cimentada más en la eficacia que en criterios subjetivos.

Canal burocrático

El canal burocrático de ascenso social es el que se realiza a través de los cargos exclusivamente administrativos, como en parte lo explicamos atrás. Es decir, con cargos que tengan funciones ejecutivas dentro de normas preestablecidas y en el campo de la organización tanto pública como privada. Por lo tanto, es necesario considerar el ascenso burocrático dentro de la administración pública y dentro de la administración privada.

Burocracia pública

Los criterios de ascenso social dentro de la burocracia oficial siguen —como los definimos en el caso del canal político— criterios más subjetivos que objetivos, como sucede en los países subdesarrollados en general, y en los latinoamericanos muy especialmente (cfr. Handlin: *Clases sociales en América Latina,* Ciencias Sociales Unión Panamericana, Washington, D.C.). Dentro de estos criterios subjetivos está el de la influencia política, social y económica que puede tener el candidato o empleado a los ojos del funcionario empleador. No quiere decir que estas influencias no puedan ser controladas objetivamente, por ejemplo, por medio del número de votos puestos en la zona de influencia, por el prestigio familiar, por el ingreso *per capita,* etcétera. En lo que tratamos de insistir aquí es en que estos criterios se reflejan a través del sujeto que hace la elección.

También entran dentro de estos criterios subjetivos la simpatía personal del candidato, la afinidad ideológica y los compromisos familiares y de amistad.

Del concepto de criterio subjetivo se excluye el de la calificación profesional relativa a la función por llenar. No queremos en ninguna forma excluir totalmente los criterios objetivos de los criterios de movilidad ascendente. Lo único que queremos establecer es la prioridad de los criterios subjetivos.

Dentro de estos creemos que los que están condicionados por la influencia política y por la económica son los más importantes para el ascenso social.

La burocracia es, en los países subdesarrollados, el medio más común para trabajar. En ella encontramos el porcentaje, proporcionalmente más fuerte, de inversiones del presupuesto nacional (en 1961 el presupuesto para burocracia era aproximadamente el 30%

del presupuesto nacional; en Bogotá era aproximadamente el 60% para el mismo año) y la menor exigencia de calificación profesional. Por esta razón el número de candidatos a la burocracia oficial excede el número de oportunidades. Este excedente en la oferta de trabajo es aprovechado por el empleador mediante la exigencia de aquellas cualidades en el candidato que le den una seguridad respecto a la estabilidad de su propio empleo.

Como lo indicamos atrás, las posiciones ocupadas gracias a criterios subjetivos son posiciones inseguras, por depender más de las personas que de los requisitos universales preestablecidos —como sucede en los países desarrollados, en donde hay una carrera administrativa relativamente estricta y eficaz—. Las calidades que más dan seguridad son las provenientes de la influencia política y de la posición económica del candidato al empleo.

La influencia política del empleado garantiza al empleador el respeto de los políticos que participan en el gobierno directamente como funcionarios, e indirectamente por los órganos de los partidos de los cuales depende su propia posición.

La influencia económica, además de obrar directamente sobre los políticos —según lo vimos cuando tratamos el canal político—, garantiza una posibilidad de ascenso dentro de la empresa privada, en el caso de retiro de la burocracia pública.

Podemos concluir que, especialmente en los países subdesarrollados, el criterio económico de los que otorgan los puestos influye predominantemente por y con el criterio político. Esto produce el hecho de que en estos países gran parte de la lucha política está motivada por la perspectiva del botín burocrático y de que la ideología política de los empleados oficiales siga los vaivenes de los resultados electorales y políticos en general. Es interesante, desde el punto de vista de la sociología política, el efecto producido en Colombia por el establecimiento de la paridad administrativa. La lucha burocrática se desplazó al seno de cada uno de los dos partidos tradicionales, produciendo escisiones profundas en estos, con claras consecuencias burocráticas para las fracciones internas.

En esta forma, el ascenso social por el canal burocrático está condicionado por las oclusiones existentes en los canales económico y político. Es decir, el ascenso burocrático oficial depende, en gran parte y en última instancia, del conformismo con la minoría que detenta los poderes económico, político y cultural.

Burocracia privada

Para establecer los criterios de ascenso dentro de la burocracia privada, es necesario distinguir el género de empresa privada en que esta se emplee. Si se trata de una empresa de carácter más feudal que capitalista, los criterios serán más subjetivos que objetivos. Si se trata de una empresa de carácter más capitalista que feudal, los criterios serán más objetivos que subjetivos. En este sentido los criterios subjetivos tendrán una orientación más negativa que positiva. Es decir, se usarán más como criterios de exclusión que de promoción. Dentro de estos, uno de los principales es el conformismo del candidato. Sería bastante difícil que un individuo calificado pero inconformista lograra ascender en la escala burocrática privada. Esto nos hace concluir que, aun a esta escala, la minoría privilegiada mantendrá el control de la situación sosteniendo la estabilidad de las estructuras actuales e impidiendo el ascenso que no estabilice su propia posición.

De los efectos principales que tuvo la violencia sobre la administración pública, queremos anotar los tres siguientes:

- Establecimiento de un sistema militar administrativo informal.
- Descentralización de la administración.
- Aparición de nuevas presiones para controlar los cargos administrativos.

Establecimiento de un sistema militar administrativo informal

Las guerrillas tuvieron un sistema militar administrativo informal. Como nos lo narra el libro *La violencia en Colombia,* había diversos niveles en la organización guerrillera, desde la guerrilla propiamente dicha hasta la escuadra, la sección, la compañía, la agrupación guerrillera y la división guerrillera. Toda la administración militar tuvo que desarrollarse dentro de la jerarquía y se crearon cargos no militares de administración, como el de comisario político, jefe de la comunidad, parcelador, responsable de cada vereda y secretario general (cfr. *La violencia en Colombia*).

Las normas impuestas a los guerrilleros contenían, además de prescripciones bélicas, una serie de principios administrativos elementales. En los establecidos por el Frente Democrático de Liberación Nacional de Colombia, se exigía para ascender al grado de oficial, además de los conocimientos militares, conocimientos políticos de tipo marxista, saber leer y escribir, tener nociones mínimas de ortografía, saber las cuatro operaciones de aritmética y disponer de buena conducta en su vida pública y privada.

La administración de justicia comienza a practicarse dentro de los guerrilleros, y aun dentro de aquellos grupos campesinos que eran víctimas de la impunidad. Los códigos informales sobre sanciones y estímulos eran formas militares y administrativas de controlar a la población campesina en general y en especial los grupos combatientes.

Posteriormente se han multiplicado en Colombia las llamadas «repúblicas independientes», en donde la autoridad oficial no tiene acceso; dentro de ellas se ha organizado una administración paralela a la administración oficial, con nuevos cargos y nuevas funciones.

Esta nueva administración informal ha constituido un canal de ascenso burocrático con criterio selectivo diferente, basado en la calidad bélica, en el sectarismo político y en una habilidad elemental para la administración como líder carismático.

Descentralización de la administración

La administración informal anteriormente descrita comienza a gozar de una gran autonomía regional. Los comandos revolucionarios se establecen con criterios eminentemente prácticos en relación con las condiciones locales y con la actividad guerrillera.

La violencia en Colombia nos describe los comandos existentes durante la primera etapa:

- Comando de las Fuerzas Revolucionarias de los Llanos Orientales.
- Comando Revolucionario de Santander.
- Comando de las Fuerzas Revolucionarias de La Palma y Yacopí.
- Comando de las Fuerzas Revolucionarias del Sur del Tolima.
- Comando del Oriente del Tolima.
- Comando de Sumapaz.
- Comando de Pavón.
- Comando de las Fuerzas de Autodefensa de Gaitania.
- Comando de las Fuerzas de Autodefensa del Tequendama.
- Comando del Río Chiquito y Símbolo-Páez.
- Comando de Nare.
- Comando de Anorí.
- Comando guerrillero de La Rivera.

Como dice monseñor Guzmán: «Estos comandos, con excepción de algunos de los Llanos Orientales, no lograron nunca coordinarse ni ejecutar acciones combinadas» (*La violencia en Colombia,* p. 163).

La descentralización es, pues, autónoma y descoordinada. Las comunidades periféricas y locales adquieren una mayor importancia que los grupos centrales administrativos de la administración oficial. La oportunidad de esta descentralización y la movilidad descendente se incrementa respecto de los estratos más bajos de la sociedad rural colombiana.

Aparición de nuevas presiones para controlar los cargos administrativos

La administración oficial, como lo vimos atrás, además de un cierto grado de competencia exige un conformismo riguroso para el ascenso burocrático. Este conformismo garantizaba el control jerárquico de las clases dirigentes hasta los últimos grados de la administración pública. En la nueva administración informal los cargos y los ascensos comenzaron a otorgarse con criterios distintos, muchos de ellos considerados antisociales, pero en todo caso basados en valores más fácilmente asequibles para la mayoría de la población. La selección se hacía más por presiones de base que por decisiones de grupos descentralizados y lejanos. El mismo jefe guerrillero estaba sujeto a las presiones de aquellos con quienes convivía y de quienes dependía en su prestigio, en su seguridad y en su misma vida. Para el ascenso dentro de esta administración informal, el conformismo con las estructuras vigentes era un obstáculo y se exigía otra clase de conformismo: el acuerdo irrestricto en la actitud revolucionaria.

No solamente sobre esta administración informal se ejercieron las presiones de los nuevos grupos campesinos organizados. Sabemos cómo en la administración de justicia, en el cambio de funcionarios judiciales, influye decisivamente la presión de los grupos guerrilleros. Igualmente sabemos que muchos otros cargos tienen que respetar las opiniones de los grandes jefes regionales de los grupos bélicos.

Como resultado de la violencia, podemos afirmar que muchos campesinos en diversas escalas de la jerarquía administrativa se han acostumbrado a ejercer presiones. La masa campesina afectada por el fenómeno también se ha acostumbrado a ejercer presiones sobre la administración. Ha encontrado un canal de ascenso burocrático a su alcance, que no tenía dentro de la estructura administrativa oficial.

En el caso de que la administración pública no fije criterios suficientemente objetivos y no cree los instrumentos para que la mayoría de nuestra población pueda ajustarse a dichos criterios, la administración informal seguirá siendo un canal más eficaz para el ascenso burocrático en la escala social.

Canal militar

El canal militar de movilidad social ascendente está constituido por todo el escalafón formal del ejército, la marina, la aviación y la policía.

La función de las instituciones militares es la de la conservación del orden establecido. En los países subdesarrollados es la élite minoritaria la más interesada en conservar ese orden, del cual dependen sus privilegios. Por otra parte, la vida económica del ejército depende del presupuesto oficial aprobado por el parlamento y en ocasiones, como en Colombia, los grados más altos son conferidos o aprobados también por este. En esta forma las fuerzas armadas también dependen, en un aspecto capital, del grupo dominante, y este a su vez dependerá del ejército para el mantenimiento del orden. En general, por estar en condiciones inferiores en lo político, lo cultural, lo económico y lo burocrático, las instituciones militares han sido el instrumento de los grupos dominantes. Como habitualmente esos grupos no son verdaderamente populares y no cambian las estructuras que desfavorecen a la mayoría, los disturbios del orden público en los países en desarrollo son bastante frecuentes. Es necesario entonces cambiar popularidad por bayonetas. Cuando la primera no existe, se recurre a la segunda.

Naturalmente, los jefes militares pueden escoger el subgrupo político que quieran apoyar dentro de esta élite. Cuando ejercen directamente el poder gubernamental lo hacen siempre apoyados por un sector de los poseedores, y el gobierno militar caerá cuando ese apoyo cese y no sea reemplazado por otro. En esta forma, el control de la minoría dirigente se realiza mediante algunos compromisos con el poder militar. La élite política, económica y cultural estará dispuesta inclusive a dar el gobierno del país a las fuerzas armadas, a condición de que se conserven las estructuras vigentes. Los militares harán respetar la clase dominante hasta el punto en que sus privilegios sean otorgados en forma proporcional a la urgencia que tenga su intervención. En caso de guerra internacional o civil, en caso de recrudecimiento de la violencia en el país, estos privilegios tendrán que ser mayores que los otorgados en casos normales. Si no aumentan proporcionalmente, habrá un conflicto que podrá culminar en un golpe militar. Con todo, aun en este caso, el único canal que se rompería, por lo menos a corto plazo, sería el canal político. Si ese poder político se emplea en contra de la minoría económica, esta urdirá todas las maquinaciones necesarias para que caiga. Ya hemos resaltado la importancia de la fuerza económica sobre la política.

De esta suerte vemos cómo el canal militar está controlado por la minoría económica, política y cultural, que también controla el poder burocrático.

Sin embargo, es necesario anotar algunos rasgos de independencia del canal militar respecto de los canales económico y cultural. Aunque existe una valla cuasiinfranqueable entre los grados de suboficiales y de oficiales por motivos económicos y sociales, más que por criterios de calificación funcional, la educación militar superior —para los oficiales— presenta algunas grietas para el ascenso social a través de las oclusiones económicas y culturales.

La educación militar es bastante barata en relación con la educación privada en general. Además, hay una remuneración simultánea que ayuda eficazmente a descartar el freno económico. Estas facilidades producen un ascenso social de las clases bajas, inclusive hasta de la clase media, con criterios que escapan relativamente a la estructura general económica y cultural. A esta última, por lo menos, a partir de la educación secundaria.

Sin embargo, aunque por este canal en forma excepcional hay más posibilidad de ascenso, el control de las minorías dominantes no se descarta. Por el contrario, a todas las escalas hay una exigencia de conformismo que culmina en el «conformismo contractual» de que tratamos arriba en lo más alto de la jerarquía militar.

La violencia tuvo varios efectos respecto de la estructura del ejército colombiano. Sin embargo, aquí consideramos los efectos que tuvo sobre la sociedad campesina como ganadora de un canal militar informal de ascenso social.

En este aspecto tenemos que los efectos más importantes para el cambio social fueron:

La creación de un ejército informal

Como lo referimos al hablar del canal administrativo, el ejército guerrillero tuvo una estructura bien establecida, copiada de la estructura del ejército regular, mezclada con una estructura administrativa informal y adaptada a las necesidades de la «guerra de guerrillas». Además de los grados tradicionales existieron otras funciones que permitieron el enrolamiento de mujeres y de niños (cfr. *La violencia en Colombia*).

Los criterios nuevos que rigen los ascensos dentro de este nuevo ejército

A pesar de que en toda institución militar el conformismo a los superiores es un criterio básico para el ascenso, es necesario analizar si la institución militar misma es una institución conformista respecto de las estructuras vigentes.

Como lo analizamos atrás, el ejército en un país subdesarrollado tiene como primordial función el mantener el orden interno, lo que traducido al campo político significa mantener las estructuras vigentes. El ejército guerrillero tiene un objeto, precisamente, contrario: transformar esas estructuras. Por esto, los criterios de ascenso deben ajustarse a la eficacia revolucionaria del ascendido.

Además de estos criterios básicos tenemos algunos otros como el de lealtad, el grado de crueldad, la valentía, el espíritu de servicio, etcétera (*La violencia en Colombia,* «Mandamientos del buen guerrillero» y «Condiciones para ascender al grado de oficial»). Con todo, es necesario anotar algunos criterios intelectuales y políticos que se han tenido en cuenta en las guerrillas para efectuar los ascensos; y además la estructura más democrática, por el contacto constante entre los superiores e inferiores y por la institucionalización de la crítica y de la emisión de opiniones por parte de los inferiores.

Los campesinos encontraron un canal de ascenso social dentro del ejército informal que no hubieran nunca hallado dentro del ejército regular de nuestro país.

Jefes guerrilleros, a cuya extracción social nos referimos atrás, difícilmente hubieran podido llegar a tener los títulos que hoy ostentan, tales como el de general, coronel, capitán, etc.

En la primera edición del libro *La violencia en Colombia,* encontramos retratos como el de *Mariachi* vestido de uniforme de general, pasando revista a sus tropas. Es muy poco probable que Mariachi hubiera llegado al grado de oficial dentro del ejército regular y, si lo hubiera hecho, habría sido adaptándose a los criterios de conformismo con las estructuras vigentes y con el necesario apoyo económico y político de las clases dirigentes para llegar a los últimos grados.

La violencia abrió en esta forma otro canal de ascenso social. En este, como en el caso de los canales anteriormente analizados, podemos afirmar que la necesidad de ascenso se crea por vías anómicas o patológicas cuando es imposible realizarla por vías normales.

No podemos afirmar que la creación de un auténtico ascenso masivo y popular por el canal militar sea la solución para evitar la creación de estos ejércitos informales. Como lo repetiremos en la conclusión, lo importante es ver la necesidad general de ascenso que, cuando se ve obstruida por las vías normales, busca vías anormales, sin que la clase de canal sea muy importante para realizar ese ascenso.

Respecto del cambio social, es necesario anotar que las estructuras mismas de este ejército informal cambiaron los valores, las actitudes y la conducta, no solamente de los campesinos que en el ejército han participado, sino de los campesinos que han tenido contacto con ese ejército.

Las guerrillas han impuesto disciplinas exigidas por los mismos campesinos; han democratizado la autoridad, han dado confianza y seguridad a nuestras comunidades rurales, como lo mencionamos al tratar del espíritu de inferioridad, desaparecido en las áreas campesinas en donde el fenómeno de la violencia se ha manifestado.

Todas estas transformaciones socioculturales en el campesinado lo disponen a ser un grupo de presión para un cambio general de estructuras, como lo analizaremos más adelante.

Canal eclesiástico

El canal eclesiástico de ascenso social está constituido en los países subdesarrollados de Latinoamérica por los diferentes grados y dignidades establecidos por la Iglesia Católica. Dada la poca importancia social institucional de los otros canales dependientes de una institución religiosa, no los tomaremos por ahora en cuenta. Por otra parte, es necesario distinguir entre los grados oficiales y aquellos que atañen a la escala social propiamente dicha.

Dentro de esta podemos establecer los grados de seminarista, coadjutor o capellán, párroco rural, párroco urbano de barrio obrero, de barrio residencial, monseñor o canónigo, obispo auxiliar, obispo principal, arzobispo y cardenal.

Dentro de cada una de las anteriores categorías puede haber una oscilación de *status* bastante considerable. Sin embargo, como clasificación tentativa proponemos la siguiente, como promedio para cada estrato:

SEMINARISTA: clase media baja.

COADJUTOR O CAPELLÁN: clase media media.

PÁRROCO RURAL: clase media media.

PÁRROCO URBANO (OBRERO): clase media media.

PÁRROCO URBANO (BARRIO RESIDENCIAL): clase media alta.

MONSEÑOR O CANÓNIGO: clase alta baja.

OBISPO AUXILIAR: clase alta media.

OBISPO PRINCIPAL: clase alta media.

ARZOBISPO: clase media.

CARDENAL: clase alta media o alta, según la extracción familiar.

Aunque la clasificación anterior —como toda clasificación, más aún en sociología y con el agravante de no estar fundamentada sino en la observación participante— puede resultar un poco arbitraria; lo que tratamos de afirmar fundamentalmente es que el canal eclesiástico es un canal muy efectivo de movilidad social ascendente. Esto se hace aún más notorio si consideramos que la mayoría —en términos absolutos— de los eclesiásticos son de extracción rural. Sin embargo, la clase social rural de origen es más bien clase media-media —comerciantes, pequeños hacendados, maestros, etcétera.— (cfr. Gustavo Pérez: *El problema sacerdotal en Colombia,* Editorial

Rivadeneira, Madrid, 1962), lo que no significa un paso de ascenso al comienzo del canal eclesiástico.

Una de las particularidades de este es su relativa independencia del canal económico. Creemos que no erramos al afirmar que es el canal que tiene una mayor independencia de las minorías económicas, por las siguientes razones:

- Las bajas pensiones de los seminarios, tanto menores como mayores.
- El número de becarios, generalmente superior al de los pensionados.

En este último factor influye en alguna medida el nivel económico, por cuanto los candidatos preferidos para las becas son los que tienen un nivel social de origen superior. Este nivel social está estrechamente ligado a los niveles económico y cultural, como lo describimos más atrás.

El canal de ascenso, en su primera etapa —el seminario—, tiene un carácter predominantemente cultural y formal. Este ascenso se efectúa generalmente desde la escuela primaria —escuela apostólica— hasta la escala universitaria —Seminario Mayor—.

Los criterios de ascenso en esta etapa son predominantemente los de capacidad intelectual y conformismo en la conducta. (Aunque formalmente se habla de «virtud» en el sentido de «autodominio», en la práctica, como promedio se trata de «conformismo»).

En las etapas siguientes, el criterio primordial de ascenso en la estructura actual de la Iglesia latinoamericana es el conformismo. Por ejemplo, en algunos países los obispos no son elegidos sin la aceptación del candidato por todo el episcopado nacional. Esto implica una nivelación del candidato con base en el conformismo, principalmente.

Creemos que el canal eclesiástico no es más utilizado como canal de ascenso social en los países latinoamericanos por dos razones fundamentales:

- La lentitud de ascenso en la primera etapa —6 a 7 años de Seminario Mayor—.
- La alta mortalidad educacional (en Colombia, más o menos el 50% de los ingresados al primer año de Seminario Mayor).

Estos frenos hacen que se necesite un grado alto de conformismo y de madurez intelectual y emocional en la familia de origen o en el individuo —si se trata de un candidato adulto—.

El ingresar a un seminario supone una serie de patrones culturales —deseo de cambio, de progreso, de liderazgo— que se deben realizar a largo plazo. Estos patrones, como promedio, no se encuentran en la clase baja. Se necesita partir de la clase media-baja o clase media en general.

De todas maneras, podemos concluir que el canal eclesiástico de ascenso social es un canal eficaz, con oclusiones más culturales que económicas, políticas o burocráticas.

Sin embargo, es necesario medir el alcance de las oclusiones culturales; las exigencias de competencia intelectual son exigencias objetivas, aunque siempre limitadas por el género de exigencia que se haga. Si la prueba se hace con base en un sistema desadaptado para las necesidades actuales, triunfar en ella no es tan significativo de eficiencia, como si se trata de un sistema adaptado.

Las exigencias de conformismo pueden crear, en un país subdesarrollado, una movilidad social material y no sociocultural. En otras palabras, puede ser que un individuo de clase media-baja, o aun de clase baja, llegue a ser arzobispo o cardenal. Sin embargo, es fácil que solamente se le tolere en ese cargo a costa de un conformismo absoluto con los valores de la minoría dominante. Entonces tendríamos que el canal eclesiástico de ascenso social resultaría ser más material que sociocultural. Esto se agrava en aquellos países en que tiene una injerencia formal o informal el poder político sobre el nombramiento de los obispos y sobre la pastoral general de la Iglesia.

No es que en los países desarrollados el cambio de clase no implique un cambio de valores; sin embargo, no es la condición *sine qua non* del cambio, como parece serlo en el canal eclesiástico.

Obviamente, el análisis anterior es bastante simplista. Los factores económicos, familiares, políticos, culturales y burocráticos inciden en diversos grados y en diferentes composiciones, con el canal eclesiástico de ascenso. Sin embargo, quisimos únicamente poner de relieve los rasgos que aparecen principales.

Actualmente la presión popular influye poco en el ascenso social por el canal eclesiástico. Es cierto que la aceptación del sacerdote en una determinada comunidad o el rechazo por parte de esta tiene alguna influencia para el ascenso. Sin embargo, es necesario anotar que antes del fenómeno de la violencia la aceptación o rechazo que eran tenidos en cuenta para el ascenso o descenso social no era la de la mayoría de la comunidad, sino fundamentalmente la de los líderes tradicionales o burocráticos de esta. Es fácil que un sacerdote popular entre la mayoría de sus fieles sea trasladado por la presión de una minoría influyente.

Este fenómeno se produjo especialmente porque la mayoría del campesinado no constituía un grupo de presión y porque su actitud, especialmente en las áreas rurales, respecto del sacerdote, era una actitud pasiva y sin crítica.

Naturalmente, la unión de intereses entre la alta jerarquía y la clase dirigente produce que los ascensos eclesiásticos tengan como uno de los criterios básicos el conformismo con las estructuras, que se manifiesta en la escala local en el conformismo con los grupos minoritarios dirigentes de las comunidades de base.

Durante la violencia asistimos a la muerte de varios sacerdotes (cfr. *La violencia en Colombia*), a profanaciones y actos iconoclastas, lo cual revela un cambio en la actitud del campesinado respecto de la institución eclesiástica.

Es muy posible que la desafección del campesino a esta institución no sea producida solamente por aquellos elementos del clero que estimularon en alguna forma las matanzas de campesinos. Sería interesante hacer un estudio sistemático sobre las actitudes religiosas del campesinado colombiano en las áreas de violencia.

Sin embargo, como hipótesis de trabajo, podemos decir que el campesino colombiano tuvo una actitud de rechazo al sacerdote en estas áreas, en donde no encontró una solidaridad franca por parte de estos, respecto de los intereses campesinos.

Es muy posible que los criterios de popularidad del sacerdote en las comunidades rurales hayan variado. Y no basta que este sea un buen administrador o que no haga nada malo. Es necesario que el campesino lo sienta solidario con sus intereses.

En el caso de que la mayoría del campesinado se constituye en grupo de presión, es muy posible que a largo plazo los criterios de ascenso por el canal eclesiástico hayan cambiado. Sin embargo, para un cambio fundamental en los criterios de ascenso es necesario que los criterios de la alta jerarquía no estén necesariamente ligados a los criterios e intereses de las clases dirigentes y, por lo tanto, al mantenimiento de las estructuras actuales.

Si el grupo de presión campesino, además de llegar a ser el más efectivo por la expresión de su aprobación o rechazo del sacerdote, llegara a producir un divorcio entre los intereses de la clase dirigente y los intereses de la Iglesia, cambiaría fundamentalmente la estructura del ascenso social por el canal eclesiástico, imponiendo para el ascenso social criterios basados en los intereses campesinos en lugar de los criterios basados en los intereses de la clase dirigente.

A nadie escapa la trascendencia que para el cambio social tiene, en un país como Colombia en el cual la institución religiosa tiene aún mucha influencia, el que los dirigentes eclesiásticos tengan una actitud de cambio basada en los intereses de la mayoría.

Como conclusión general, podemos afirmar:

Que en los países subdesarrollados, en los latinoamericanos y en Colombia en particular, los canales de movilidad social ascendente están estructuralmente obstruidos para la mayoría de la población.

Que el factor que condiciona en forma más determinante la oclusión y control de los demás canales es el económico.

Que la minoría de la población que controla la movilidad social ascendente está interesada en mantener la obstrucción de los canales de ascenso, y por eso el conformismo es una condición indispensable para que esta se efectúe.

Que la movilidad social ascendente es más de tipo minorista que masivo, más material que sociocultural y, por tanto, sin efectos a corto plazo sobre el cambio social.

Que esta inmovilidad se presenta en forma más aguda en las áreas rurales de dichos países.

Que la violencia simultáneamente produjo una conciencia de clase y dio instrumentos anormales de ascenso social.

Que las estructuras del ascenso anormal establecidas por la violencia cambiaron las actitudes del campesino colombiano, transformando al campesinado en un grupo mayoritario de presión.

Agresividad latente

La agresividad puede ser individual o social. La agresividad individual es el resultado de un deseo de destrucción originado en una frustración. La destrucción se busca como una compensación y como un medio de reconstrucción de lo que no se ha logrado.

La agresividad social tiene las mismas características pero extendidas al grupo social.

La agresividad puede ser manifiesta o latente, según el deseo de destrucción se pueda realizar o no.

La agresividad social en general se encuentra en aquellos países en los cuales hay frustración de aspiraciones. Si esa frustración de aspiraciones hace parte de la conciencia social y dentro de las instituciones sociales encontramos instrumentos violentos y eficaces de realización, la agresividad se hará manifiesta.

Según lo expuesto anteriormente, en las áreas rurales de los países en desarrollo encontramos una gran inmovilidad social ascendente que produciría una frustración de aspiraciones en el caso de que hubiera conciencia de ella. Esta conciencia se adquiere, generalmente, por un cambio social inducido. Cuando las comunicaciones humanas se extienden y aumentan, la conciencia social aumenta, y si se conocen puntos de comparación, las frustraciones aparecen.

Ahora bien, si existe la conciencia pero no se conocen los instrumentos institucionales de realización, la agresividad seguirá en su estado latente.

Si los instrumentos institucionales eficaces se conocen y esos instrumentos están dentro de las estructuras vigentes, la agresividad latente se resolverá en una acción institucional que no violente las estructuras. Si, por el contrario, los instrumentos eficaces que se conocen están contra las estructuras vigentes, la agresividad latente se convierte en agresividad manifiesta. Esta agresividad manifiesta se hará tanto más intensa cuanto más conciencia haya de las frustraciones y cuanto, por un lado, sean más eficaces los instrumentos contra las estructuras y, por otro, menos eficaces los instrumentos de acuerdo con estas.

En las áreas rurales de los países latinoamericanos encontramos los diferentes grados de frustración y de conciencia y las diferentes combinaciones de instrumentos normales y anormales —de acuerdo o no con las estructuras—. En todo caso, la falta de movilidad social en estas áreas es un elemento de agresividad latente.

En Colombia la agresividad social latente se ha vuelto manifiesta en forma intermitente a todo lo largo de su historia. Desde las guerras precolombinas entre los indígenas, pasando por las luchas de la Conquista, las revueltas de la época colonial, la guerra de Independencia, las guerras civiles posteriores a esta y las manifestaciones de la violencia que se ha solido llamar política —como la del año treinta—, hasta el fenómeno de violencia actual que hemos definido tentativamente al principio de este estudio.

Ya se ha visto, al considerar las variables anteriores, cómo la violencia introdujo simultáneamente:

- La conciencia de la frustración.
- La agudización de esa frustración.
- Los instrumentos eficaces, pero anormales, para resolver la frustración.

La acción armada de las fuerzas oficiales fue el elemento de cambio social inducido por el cual se produjeron los tres efectos anteriores.

Podemos, por lo tanto, afirmar que el fenómeno común a las áreas rurales subdesarrolladas descrito como agresividad latente se ha expresado en nuestras comunidades campesinas haciéndose agresividad manifiesta en el fenómeno de la violencia.

Variables características de la sociedad rural colombiana

Sectarismo político

Lo que se ha solido llamar «sectarismo político» es una forma de agresividad de grupo y, en concreto, de un grupo que hace parte de una organización que ejerce o pretende el poder estatal. Además del elemento de agresividad, debemos incluir en la expresión «sectarismo político» las nociones correlativas de seguridad intragrupo e inseguridad extragrupo.

Toda pertenencia a un grupo es un efecto y una causa a la vez de la necesidad de seguridad social que tiene todo individuo. Esa función de seguridad que da el grupo será tanto más intensa cuanto mayor sea la inseguridad de permanencia fuera del grupo. En los países desarrollados, además, existen instituciones que garantizan la seguridad social en forma independiente de la pertenencia a un grupo. Por esto, la necesidad de pertenencia a grupos es mucho menor en estos países que en los nuestros. Como, por otra parte, la agresividad social es mayor en el país subdesarrollado porque las frustraciones son, en general, mayores, podemos afirmar que el sectarismo político es un subproducto de la falta de desarrollo socioeconómico.

En los países no industrializados la pequeña minoría que detenta el poder constituye un grupo en sí bastante cerrado —como lo vimos atrás— y que tiene la mayor cuota de seguridad dentro de la sociedad. La única forma de perder esta seguridad sería el cambio de estructuras que acarreara la pérdida del control social.

Evidentemente, dicho campo no podrá provenir sino del extragrupo, es decir, de la mayoría de la población que no puede ascender. Con todo, el hecho mismo de ser una minoría constituye un elemento de inseguridad en el caso de que la mayoría se muestre descontenta. Por consiguiente, es necesario algún mecanismo que satisfaga a la mayoría, mantenga las estructuras y, si es posible, haga peligroso cualquier cambio de estas.

El partido político puede cumplir con las funciones anteriores, siempre y cuando llene determinados requisitos: en primer lugar, debe dar algunas satisfacciones a la mayoría de la sociedad, satisfacciones suficientes para evitar el descontento. En segundo lugar, debe relacionar las satisfacciones de necesidades al mantenimiento de las estructuras, y en tercer lugar, debe crear sistemas para hacer peligroso el cambio de estas.

El partido político en Colombia es un instrumento para la satisfacción de algunas necesidades de la mayoría de los colombianos. Dada la importancia del botín burocrático en un país subdesarrollado —con mano de obra poco calificada, alto porcentaje del ingreso nacional dedicado a la administración y pocas exigencias técnicas por parte de esta—, el partido político es una importante fuente no solamente de subsistencia, sino de expectativas sociales para la subsistencia de muchos colombianos, ya que de él depende la repartición de este botín. En otras palabras, muchos de nuestros ciudadanos viven de un empleo público, pero muchos más dependen de los empleos públicos, aunque no los ejerzan, por la expectativa que tienen de ejercerlos. Por lo tanto, son muchos los colombianos que dependen directa o indirectamente del partido político.

Sin embargo, para que esa dependencia implique a la vez una garantía para el mantenimiento de las estructuras socioeconómicas, es necesario que exija una dependencia a la clase dirigente. Por esta razón, para que el partido sea un instrumento apto de conservación para esta clase, debe ser policlasista, es decir, debe estar estructurado con base en la pertenencia de todas las necesidades sociales a esa clase dirigente. Como es lógico, si la pertenencia no trae ventajas técnicas ni racionales, es necesario buscar motivaciones sentimentales que la justifiquen. De allí la base tradicional o sentimental que tienen los sistemas de partido, ya que el botín burocrático, que de hecho es repartido por la clase dirigente, podría ser administrado por la mayoría de la población, en forma más técnica y racional.

Para que ese mantenimiento de las estructuras sea sólido y duradero, es necesario que su rompimiento entrañe un peligro para la clase que no se beneficia con el sistema vigente. El sectarismo político es el instrumento por el cual la clase dirigente logra que esa mayoría encuentre una seguridad intragrupo, proporcional a una inseguridad extragrupo.

En resumen, el partido político tiene funciones respecto tanto de la clase dirigente como de la mayoría de los dirigidos; para la clase dirigente, constituye un elemento de conservación de las estructuras, por el sentimentalismo partidista y por el sectarismo político, y no permitiendo la reestructuración de los partidos en bases racionales que transformen las estructuras implantando el gobierno de las mayorías. Para la clase dirigida, en el ambiente social de inseguridad que produce el sectarismo político, el partido constituye un grupo de refugio y el único capaz de relacionarlo con la clase dirigente, es decir, con la fuente de su propia seguridad. Esta relación debe establecerse con la condición indispensable del conformismo respecto del propio partido. Conformismo que se demuestra y se afianza más con manifestaciones de sectarismo hacia el partido contrario. El sectarismo político es, pues, el instrumento de doble filo que refuerza el conformismo de la clase dirigida y le garantiza la estabilidad de las estructuras a la clase dirigente.

La violencia fue desatada como un instrumento del sectarismo, para que cumpliera las funciones que hemos atribuido a este. De ahí que la violencia no se produjo entre las clases dirigentes, sino entre la masa de los campesinos sentimentalmente divididos en los partidos tradicionales, padeciendo una mayor inseguridad social, que los aferraba aún más a esos partidos. Por eso también, una vez hecha la unión política entre las clases dirigentes, la violencia ha continuado para garantizar el sectarismo necesario que impide la reestructuración de los partidos con bases racionales capaces de transformar las estructuras. Dentro de esta política es lógico que cualquier individuo que se arriesgue a disentir de las directivas de los partidos tradicionales sea considerado como marginal y casi como fuera de la ley. Es sintomática la aparición de sociedades macartistas, compuestas por elementos de la clase dirigente de ambos partidos. La función formal de estas sociedades es la de perseguir al comunismo y la función informal es la de marginar a todo individuo o movimiento anticonformista que aparezca en el escenario político, social o económico. La violencia, por lo tanto, no favorece a uno y otro partido político en particular; en ocasiones, puede favorecer más a un partido minoritario, nivelando con el terror las fuerzas políticas desniveladas por diferencias electorales. Sin embargo, la violencia favorece fundamentalmente a toda la clase dirigente de cualquier partido que esta sea.

A pesar de todo, la violencia ha desencadenado un proceso social imprevisto por las clases dirigentes. Ha despertado la conciencia del campesino, le ha dado solidaridad de grupo, sentimiento de superioridad y seguridad en la acción; ha abierto posibilidades de ascenso social, y ha institucionalizado la agresividad, haciendo que los campesinos colombianos comiencen a preferir los intereses del campesinado a los intereses del partido. Esto tendrá como efecto la constitución de un grupo de presión social, económica y aun política capaz de cambiar las estructuras en la forma menos prevista y menos deseada por la clase dirigente. Es muy posible que, debido a la violencia, el sectarismo político se cambie en sectarismo de clase, como se ha visto ya en muchas áreas rurales colombianas.

Falta de conciencia de clase

Escapa a los fines del presente análisis el entrar en disquisiciones sobre la definición de clase social. Para nuestros objetivos basta tener una definición generalmente aceptada. Cuando hablamos de la clase campesina nos referimos a un cierto grupo social del *status* económico más bajo dentro de la sociedad colombiana. Consagrado a una ocupación dentro del sector primario de la producción, localizado predominantemente en las áreas rurales del país. Conciencia de clase es la que existe respecto de una serie de relaciones sociales existentes dentro del grupo antes definido, relaciones de tipo exclusivo respecto del extragrupo. Cuando esta conciencia de clase se une a la iniciativa en —y a la organización para— la acción, el grupo que la posee es capaz de influir en las decisiones gubernamentales y, por lo tanto, es capaz de volverse un grupo de presión.

En muchos países subdesarrollados, el campesinado se ha organizado en diversas formas. Los movimientos agrarios en Latinoamérica han tenido una importancia que contrasta con la que han tenido en nuestro país.

El carácter más pronunciado de las variables arriba señaladas, especialmente la del individualismo y la del aislamiento, han hecho que el campesinado colombiano no haya tenido una conciencia de clase. Por otra parte, el aislamiento cultural de nuestro país, junto con el atraso en el equipo técnico de comunicaciones, han impedido las interacciones culturales necesarias para un cambio social capaz de crear una verdadera conciencia de clase. La ausencia de contactos ha producido una falta de conciencia sobre las propias necesidades por falta de conocimiento de otros grupos de referencia. La falta de movilidad social ascendente ha tenido por efecto la institucionalización de un fatalismo respecto de la solución de algunas pocas necesidades sobre las cuales hay conciencia. Aun en el caso de que, por alguna circunstancia, haya conciencia de las necesidades y el fatalismo haya sido reemplazado por una actitud de iniciativa en la acción, generalmente esto ha sucedido a escala individual. Los conflictos con los extragrupos campesinos han impedido la creación de una solidaridad rural y el sectarismo político ha agudizado la desunión.

Aun después de la aparición de la violencia, podemos observar las comunidades rurales que no han sufrido el influjo de esta ni directa ni indirectamente y encontramos las características de conciencia respecto de las necesidades, fatalismo ante el progreso y falta de seguridad colectiva entre los campesinos.

Al considerar los efectos de la violencia sobre la creación de la conciencia de clase en el campesinado colombiano, podemos recapitular el análisis sobre los cambios acaecidos de las otras variables:

La demasiada importancia del vecindario local, el aislamiento, el individualismo, los conflictos intra y extragrupo, el sentimiento de inferioridad, la ausencia de movilidad social vertical ascendente, la agresividad latente implican una falta de conciencia de clase. La violencia, al alterar las anteriores variables, comienza a crear una conciencia de clase; generaliza las relaciones sociales entre los campesinos de casi todo el país, da conciencia de que esas relaciones son exclusivas del grupo campesino, y además da solidaridad para la acción, comenzando a influir informalmente en las decisiones gubernamentales y por medio de pactos políticos en las estructuras vigentes. De la falta de esa conciencia de clase, el campesino está pasando paulatinamente a ser un grupo de presión que será definitivo en el cambio social de las estructuras colombianas.

Respeto a la propiedad privada

De los diversos informes de los Cronistas de Indias, de los historiadores de la Colonia y de los historiadores latinoamericanos, podemos concluir que la forma más generalizada de propiedad dentro de las comunidades indígenas era la forma de posesión colectiva de la tierra.

La obra colonizadora española no afectó fundamentalmente la mentalidad indígena respecto de la propiedad. Las organizaciones rurales colectivas continuaron bajo nuevos patrones eclesiásticos, militares o civiles. (Como estudio sobre la evolución del concepto de la propiedad en Colombia, consúltese Alfonso López Michelsen: *Introducción al estudio de la Constitución de Colombia*).

Con el movimiento emancipador se introdujeron las ideas liberales, dentro de las cuales aparece la idea de la propiedad privada como base de la estructura política y social colombiana. El respeto a la propiedad privada pasó a ser patrimonio de los valores culturales colombianos. Antes de la violencia nuestro campesinado tenía un respeto formal a la propiedad privada, respeto que informalmente era desconocido en algunas ocasiones por la conducta de este. Durante la violencia se introdujo la institución del *jus primi possidentis* (cfr. *La violencia en Colombia*).

Las expropiaciones efectuadas a menos precio, las invasiones, el control sobre cosechas y mercados ejercido por los grupos guerrilleros hicieron perder a nuestros campesinos ese valor cultural que habían adquirido en el último siglo.

En las comunidades en donde surgió este fenómeno se han organizado invasiones de tierras con una facilidad que no solamente puede ser explicada por la presión económica, sino que tiene como base la práctica, durante la violencia, de hacer uso de la propiedad ajena para los fines inmediatos de subsistencia. Aunque este efecto de la violencia es accesorio y aparentemente intrascendente, es importante respecto del cambio social; si, como vimos atrás, el campesinado se está constituyendo paulatinamente en un grupo de presión, es importante conocer los patrones culturales de ese grupo. Si el respeto por la propiedad privada ha dejado de ser un elemento dentro de esos patrones, es muy posible que en el cambio de estructuras que pueda llevar a cabo la presión de este grupo se ataque directamente la estructura de la propiedad.

Conclusión

Basados en el análisis anterior, podemos decir que la violencia ha constituido para Colombia el cambio sociocultural más importante en las áreas campesinas desde la conquista efectuada por los españoles. Por conducto de ella las comunidades rurales se han integrado dentro de un proceso de urbanización en el sentido sociológico, con todos los elementos que este implica: la división del trabajo, especialización, contacto sociocultural, socialización, mentalidad de cambio, despertar de expectativas sociales y utilización de métodos de acción para realizar una movilidad social por canales no previstos por las estructuras vigentes. La violencia, además, ha establecido los sistemas necesarios para la estructuración de una subcultura rural, de una clase campesina y de un grupo de presión, constituido por esta misma clase, de carácter revolucionario. Sin embargo, la violencia ha operado todos estos cambios por canales patológicos y sin ninguna armonía respecto del proceso de desarrollo económico del país.

Aunque es muy difícil predecir, es muy poco probable que haya cambios estructurales lo suficientemente profundos, realizados por la sola iniciativa de la clase dirigente actual, para encauzar todas esas fuerzas anómicas dentro de un proceso de desarrollo planificado técnicamente. Sin embargo, la orientación hacia los problemas agrarios que han tenido los últimos gobiernos podría producir el efecto de la creación de un liderazgo de base capaz de dirigir las presiones del campesinado hacia objetivos de desarrollo social y económico. Si estas presiones se ejercen en forma suficientemente técnica y enérgica, podrían cambiar la estructura de nuestra clase dirigente, siempre y cuando esta sea capaz de valorar a tiempo el peligro de una transformación que la destruya completamente, por no haber podido adaptarse a un cambio social que se presenta como inevitable.

Crítica y autocrítica*

Tenemos que convencernos de que la humanidad no busca el conflicto. Es más, trata de evitarlo hasta donde sea posible. El conflicto es el resultado de una serie muy compleja de factores dentro de los cuales la voluntad de producirlo es quizá el menos influyente. Todos los interesados en buscar las causas del comportamiento humano deben mirar el conflicto como un objeto de estudio más que como una manifestación de moralidad o de inmoralidad. El doctor Carlos Lleras es una persona inteligente, instruida y, por decir lo menos, civilizada. Por eso busca el diálogo aun en sus mayores adversarios. Él sabe que el diálogo es constructivo y por eso vino a la universidad. A los estudiantes les gusta escuchar, les gusta también preguntar, en una palabra, les gusta el diálogo. El diálogo es una de las actividades principales del estudiante. Debemos dar por seguro que al universitario no le gusta oler formol, ni le gusta echar huevos a sus semejantes, ni gastar su tiempo libre

---

* Artículo publicado en el diario *El Espectador* el 27 de noviembre de 1964. Camilo Torres hace alusión aquí a la polémica levantada en torno al libro *La violencia en Colombia* de Orlando Fals Borda, Eduardo Umaña Luna y Germán Guzmán Campos. También se refiere a la participación de los estudiantes universitarios en los eventos que condujeron al derrocamiento del gobierno del general Gustavo Rojas Pinilla en 1954. *(N. del E.).*

en exponer su seguridad personal a la furia de las bayonetas. Y sin embargo, se produce el conflicto. El conflicto que, en sí mismo, ninguna de las dos partes quería ni buscaba. Para explicarnos este hecho debemos ver qué corrientes se encontraron y qué representaban estas corrientes entre sí. Independientemente de lo que ellas sean en realidad, el concepto que una tiene de la otra es para el grupo social respectivo un estereotipo, es decir, una figura simplificada de aquellos rasgos exteriores que más impresionan. Carlos Lleras puede tener las cualidades subjetivas y objetivas. No obstante, como todo hombre político, representa un sistema y, como el más característico de los políticos del sistema, personifica una clase que, en este caso, es la minoritaria, privilegiada y gobernante.

En teoría, los universitarios deben estudiar, investigar, concurrir a clase y nada más. En un país subdesarrollado, los estudiantes reúnen en sí mismos dos calidades que difícilmente se encuentran juntas en otros grupos de la sociedad: un nivel cultural relativamente alto y una cierta libertad en relación con las estructuras imperantes y con la minoría dirigente. De ahí el papel político que ha jugado la universidad en los países subdesarrollados y, especialmente, en América Latina. No se trata de anatematizar o alabar la intervención política de los universitarios. Debemos comprobarla como un hecho y explicar las causas. Las dos características anteriormente anotadas producen un estado de rebeldía y de inconformismo en una sociedad cuyas estructuras requieren un cambio fundamental. En las democracias más evolucionadas la rebeldía y el inconformismo tienen canales de expresión. La información no es un monopolio, como en los países subdesarrollados, aun cuando en estos haya una apariencia de libertad de opinión, de expresión y de prensa. Los grupos de presión minoritarios han encontrado sistemas menos obvios y más eficaces que la censura y la persecución directa. El bloqueo de la propaganda, de las oportunidades de trabajo y del apoyo financiero producen no solo la limitación sino la desaparición de toda manifestación de oposición. Cuando los canales institucionales de expresión están obstruidos y el inconformismo no puede expresarse a pesar de que aumente en su intensidad, esta necesidad de expresión tomará cauces no previstos dentro de las estructuras vigentes. Estos canales son los que suelen llamarse antisociales o patológicos. En el momento en que la posibilidad de usar los canales antisociales de expresión del anticonformismo coincide con la presencia del objeto de este, se produce un conflicto que necesariamente es calificado como antisocial por el grupo que controla los canales institucionales. La actitud de este grupo dirigente es explicable. Desgraciadamente ha implicado una falta absoluta de autocrítica. Los errores de la clase dirigente, por sí solos, no bastarían para producir un conflicto. La falta de autocrítica estabiliza en el error al que cae en él. Por desgracia, esta ha sido una de las características de la clase dominante en los últimos tiempos; se presenta el fenómeno de la violencia y, antes de estudiarlo, se busca la represión como método exclusivo para tratar el mal. Cuando, después de trece años de sufrir este flagelo, alguien se atreve a hacer un estudio sobre él y a publicarlo, dicho estudio no produce ninguna clase de reflexión, se utiliza como instrumento de un grupo partidista, o se considera un insulto a otro grupo. Cuando las mayorías se abstienen de votar en unas elecciones, el fenómeno se atribuye a todo menos a errores de la clase dirigente. Cuando se revelan hechos sociales que se interpretan en detrimento de ella, su reacción es de defensa y de ataque. Este mismo artículo no producirá ninguna reflexión, ni ninguna autocrítica. Será objeto de condenación por parte de la clase dirigente, que continuará encerrada en su torre de marfil, cuyos miembros seguirán elogiándose mutuamente y ante quienes ningún censor se considerará suficientemente autorizado. El abismo entre esta clase y las mayorías populares se ahonda cada vez más, y los sistemas de comunicación entre las dos se hacen cada día más precarios.

Las reformas que podrían evitar una revolución violenta no partirán de la iniciativa de la clase dominante si esta no prevé males mayores en el futuro. Ahora bien, la capacidad de previsión está en relación directa con la capacidad de análisis y con la eficacia de la información que se haga sobre la probabilidad de advenimiento de estos males mayores. Nuestra clase dirigente parece carecer de una capacidad de análisis objetivo. El sentimiento y la tradición orientan en general sus reacciones. Los medios de información funcionan de arriba hacia abajo, de la clase dirigente a la clase popular, pero no a la inversa, por carencia de medios de expresión y por diferencia de lenguaje. Estas circunstancias conducen a situaciones paradójicas. El grupo dirigente no entiende por qué los universitarios, lo más granado entre los estudiantes colombianos, no aceptan un diálogo racional. Los universitarios no entienden por qué se les aprueba cuando gritan y arrojan piedras contra Rojas Pinilla y por qué se les censura cuando lanzan huevos contra Carlos Lleras. El grupo dirigente no entiende por qué los universitarios se mezclan en política. Estos no comprenden por qué los directivos apolíticos de la universidad aceptan una conferencia política en los predios de esta. Los estudiantes no comprenden por qué se defendía la extraterritorialidad universitaria cuando los servidores de la dictadura mataban estudiantes dentro de la Ciudad Blanca y ahora se apoya la entrada del ejército para que reprima a los que fueron considerados «defensores tradicionales de la democracia». La doble moral que la clase dirigente quiere imponer al país se fundamenta en un desconocimiento de la capacidad de crítica que han adquirido la clase popular y los universitarios, en cuanto son capaces de representarla. Solamente una autocrítica valerosa y sincera de la clase dirigente permitirá establecer el contacto entre las dos clases. De que este contacto se restablezca o desaparezca definitivamente dependerá la violencia o el acuerdo en que culminarán los próximos conflictos sociales en Colombia.

La desintegración social en Colombia: se están gestando dos subculturas*

La falta de dirigentes en un país se hace más evidente cuanto más abultados y complejos son los problemas con que se enfrenta la sociedad. Estos, por ser protuberantes, no se pueden eludir, y por ser complejos desenmascaran la ineptitud de los dirigentes, no solo para resolverlos sino hasta para tratar de ellos.

En los últimos días el despliegue verbal de nuestros dirigentes y de nuestros periódicos ha constituido un verdadero espectáculo de incontinencia, de falta de realismo, de ignorancia y, por tanto, de irresponsabilidad. Los fuegos fatuos de la elocuencia tropicalista hacen recordar, dentro de un cuadro cultural distinto, aquellas cortes decadentes del Renacimiento donde los dirigentes realizaban juegos florales, charadas y pantomimas, mientras el pueblo se debatía en la miseria. Cuando despertaron de este marasmo irresponsable, se encontraron ante el cadalso.

La batalla verbal se ha centrado en torno de tres temas, tratados con la superficialidad que caracteriza a una clase en decadencia: la violencia, los grupos de presión y el cambio de estructuras.

---

* Artículo publicado en el diario *El Espectador,* de Bogotá, el 5 de junio de 1964. *(N. del E.).*

No es posible exigir hoy a un político que sea un especialista, pero tampoco se le puede permitir que trate los temas con total irresponsabilidad intelectual. Por lo menos, debe exigírsele que se asesore de un técnico, de un libro o siquiera de un diccionario.

Un síntoma complejo

La violencia es un síntoma muy complejo. Sociólogos, psicólogos, criminólogos, lo han tratado desde hace varios lustros y han realizado al respecto investigaciones de valor científico diverso. La violencia es el síntoma complejo de una situación social, que no se puede explicar sino en función de una pluralidad de factores. Nuestros dirigentes lo manejan en la teoría y en la práctica con excesivo simplismo. Se dogmatiza sin fundamentación. Cuando aparece un estudio o un ensayo que, aunque sin ser perfecto, tiende por lo menos a ser científico, se lo juzga a base de una politiquería sentimentaloide y anacrónica. Cuando se habla de «grupos de presión» ni siquiera se consulta un diccionario de sociología. Ni se sabe el sentido de la expresión. Se toma como término marxista o como *slogan* de combate y se habla de los grupos de presión para defender o para atacar; nunca para analizar ni para remediar.

Las «reformas de estructura» no se precisan ni se definen. Comienzan a entrar dentro de una jerga demagógica, como entró la palabra «oligarquía» o la expresión «restauración moral de la república». Como no se precisan los fines ni tampoco los medios, nuestra política sigue girando en torno a un verbalismo anticientífico, carente de seriedad y de realismo.

Las dos subculturas

¿Cómo explicar la actitud irresponsable de quienes tienen la obligación de solucionar los problemas inaplazables?

Es posible que en Colombia se estén gestando dos subculturas cada vez más disímiles, independientes y antagónicas.

La de una clase alfabeta, con un ingreso superior a los US $3 000,00 anuales per cápita, con hábitos de consumo industrial. Ella representa aproximadamente un 15% de nuestra población. La otra, más o menos analfabeta, de costumbres rurales, posee una subcultura arcaica y está constituida por el 85% restante.

Cada una tiene sistemas de valores, de conducta y de actitudes diferentes, que comienzan a ser antagónicos y entre los cuales se está cerrando toda comunicación posible.

Diferentes significados

Las mismas expresiones tienen significación diferente para cada clase. El siguiente cuadro es una hipótesis que podría demostrarse por una investigación directa.

Expresiones	Para la clase alta	Para la clase baja
Oligarquía	Insulto	Privilegio
Violencia	Bandolerismo	Inconformismo
Grupos de presión	Casta selecta	Explotadores
Revolución	Subversión inmoral	Cambio constructivo
Cambio de estructuras	Revolución	Cambios fundamentales
Reforma agraria	Expropiación indebida	Adquisición de tierra por los pobres
Partidos políticos	Agrupaciones políticas democráticas	Oligarquías
Sensibilidad social	Actitud popular	Paternalismo
Prensa	4to. poder	«Gran prensa»
Mano Negra	Centro de Estudios y Acción Social	Sociedad secreta macartista
Sindicalismo	Lucha de clases	Reivindicación
Acción comunal	Solución «pacífica»	Organización local
Izquierda	Subversión	Inconformismo
Comunismo	Delito	Revolución
Capitalismo	Sistema económico	Explotación

Expresiones	Para la clase alta	Para la clase baja
Imperialismo	*Slogan* marxista	Influencia «gringa»
Fidel Castro	Líder comunista	Jefe revolucionario
Devaluación	Medida económica	Miseria
Frente Nacional	Política de convivencia	Unión de las oligarquías
Alianza para el Progreso	Ayuda norteamericana	Imperialismo
Iglesia	Institución para el orden	Fuerza reaccionaria
Ejército	Fuerza temida y utilizable	Violencia
Burocracia	Administración	Parásitos de Estado
Parlamento	Democracia	Parásitos del pueblo
Pacificación	Represión de los delincuentes	Muerte de guerrilleros
Cuerpos de Paz	Voluntarios altruistas	Turistas o espías

La lista no deja de ser arbitraria y podría hacerse interminable. Sin embargo, indica cómo pueden polarizarse los valores de las dos clases. Por otra parte, los sistemas de comunicación entre ellas se hacen cada vez más precarios, puesto que la ausencia de un lenguaje común imposibilita el diálogo. La falta de diálogo engendra la incomprensión. Cuando surge una barrera cultural de esta índole no basta el simple sentido común para franquearla. Es necesario establecer contactos reales para restablecer el diálogo. Dichos contactos pueden ser de diversa índole; dentro de los principales medios para efectuarlos están la observación pertinente y la investigación científica. Desgraciadamente ni una ni otra clase están en capacidad de emplear estos medios. La clase baja, por falta de acceso a las clases altas y por falta de instrucción. La clase alta por aislamiento y por superficialidad en su análisis. Aislamiento consciente o inconsciente. Aun los que recorren el país por motivos políticos, técnicos u otros, son acogidos por el círculo local de incondicionales, aislándose del contacto eventual con los voceros de la clase baja. Sin embargo, paulatinamente, la clase popular colombiana ha ido renunciando al lenguaje y ya no entiende sino el de los hechos. Algunos jefes políticos lo han comprendido así y en sus campañas presentan hechos pasados. Sin embargo, la abstención electoral de las recientes elecciones demuestra el escepticismo de muchos colombianos. Es muy probable que entre los inconformistas no haya orientación positiva.

Frente unido

Mientras los líderes populares no acuerden un frente unido que descarte los personalismos que los hacen tan sospechosos ante el pueblo, la clase popular no marchará si no se acaba la palabrería izquierdista, que es casi tan fatua como la de nuestra clase dirigente. Solamente los hechos serán capaces de anular esa clase baja para constituirla en un grupo de presión mayoritario. Un grupo que presione con los hechos y haga entender a los dirigentes actuales lo que no han podido captar por falta de realismo, de técnica, de responsabilidad y, sobre todo, por falta de diálogo. Grupo que presione para que la clase dirigente tome contacto real con la clase popular. Para que se sirvan de la asesoría de los que tratan de estudiar científicamente las actitudes, los valores, las significaciones, las instituciones de la clase baja. Este contacto y esta asesoría son prerrequisitos indispensables para que se tenga conciencia de la diferencia de lenguaje y de cultura y para que se supere esa diferencia, estableciendo así un lenguaje común, base insustituible para poder solucionar los problemas de las mayorías, por esas minorías que hoy tienen la responsabilidad del poder.

Discurso ante los estudiantes de la Universidad Nacional*

Compañeros:

Agradezco profundamente el homenaje que me ofrece hoy la Federación Universitaria Nacional, y deseo que la profunda emoción que me produce esta manifestación inmerecida a mi persona —digo inmerecida no por falsa humildad, sino por un sincero reconocimiento de mis limitaciones— no impida dar un alcance teórico y científico a este homenaje que se hace hoy extensivo, lamentablemente, a Jorge Enrique Useche, nuestro compañero desaparecido.

Sería lastimoso que este homenaje se limitara a las personas. La muerte de Jorge Enrique Useche y mi leve destierro son únicamente episodios en una lucha mayor del pueblo colombiano. En estos momentos no podemos detenernos en episodios.

Cuando la clase dirigente, a pesar de seguir detentando el poder con todos sus factores, se ha demostrado incapaz para manejar

---

* Fragmentos del discurso pronunciado en los predios de la Universidad Nacional en Bogotá el 22 de mayo de 1965 durante un homenaje que los universitarios le rindieron a Camilo Torres en vísperas de su proyectada partida, la cual no tuvo lugar, pues Camilo suspendió su viaje a Europa a fin de dedicarse por entero a la actividad política. *(N. del E.)*.

el país; cuando estamos abocados a una grave crisis económica; cuando, ante su propia incapacidad, esta misma clase tiene que recurrir a la represión contra todo el que propicie un cambio; cuando se ha tenido que llegar en esa vía hasta declarar el estado de sitio; cuando ha caído, víctima de la violencia, uno de nuestros compañeros, no podemos detenernos en las personas sino que debemos pensar en la necesidad, para Colombia, de la realización de una auténtica revolución.

La palabra «revolución» ha sido desgraciadamente prostituida por nosotros, los que pretendemos ser revolucionarios. Se ha utilizado con ligereza, como una afición, sin un verdadero respeto y sin verdadera profundidad. Si este homenaje sirviera más que para hacer resaltar a hechos y a personas, para lograr que hoy plasmáramos la unidad alrededor del ideal revolucionario, yo personalmente creo que todos nosotros nos consideraríamos profundamente satisfechos.

Tenemos que lograr la unión revolucionaria por encima de las ideologías que nos separan. Los colombianos hemos sido muy dados a las discusiones filosóficas y a las divergencias especulativas. Nos perdemos en discusiones que, aunque desde el punto de vista teórico sean muy valiosas, en las condiciones actuales del país resultan completamente bizantinas. Como recordarán algunos de los amigos aquí presentes, con quienes trabajamos en la acción comunal universitaria de Tunjuelito, cuando se nos tachaba de que colaborábamos con comunistas yo les contestaba a nuestros acusadores que era absurdo pensar que comunistas y cristianos no podían trabajar juntos por el bien de la humanidad, y que nosotros no podíamos ponernos a discutir sobre si el alma es mortal o inmortal sin resolver un punto en que sí estamos todos de acuerdo: el de que la miseria sí es mortal. Eso nos ha pasado en nuestra orientación revolucionaria. Hay puntos elementales indicados por la técnica social y económica que no tienen implicaciones filosóficas y sobre los cuales, los que buscamos una auténtica renovación del país, podemos ponernos de acuerdo, prescindiendo de las diferentes ideologías, no en nuestra vida personal, pero sí en nuestra lucha revolucionaria inmediata. Los problemas ideológicos los resolveremos después de que triunfe la revolución.

Necesitamos la unión por encima de los grupos. Es lastimoso el espectáculo que da la izquierda colombiana. Mientras la clase dirigente se unifica, mientras la minoría que tiene todos los poderes en su mano logra superar las diferencias filosóficas y políticas para defender sus intereses, la clase popular, que no cuenta sino con la superioridad numérica, es pulverizada por los dirigentes de los diferentes grupos progresistas que, muchas veces, ponen más énfasis en las peleas que tienen entre sí que en su lucha contra la clase dirigente. La línea soviética del partido comunista ataca más a la línea china, la línea blanda del MRL a la línea dura, el MOEC al FUAR, de lo que cada uno de esos grupos ataca a la oligarquía.

Es necesario que asumamos una actitud rotundamente positiva ante todos los grupos revolucionarios. Es absurdo ser anticomunista, porque en el comunismo nosotros encontramos elementos auténticamente revolucionarios, como es absurdo estar contra el MRL, contra lo que tenga de revolucionario la democracia cristiana, o contra la Vanguardia del MRL, o contra el MOEC, o contra la Vanguardia Nacionalista Popular, Juventudes del MRL, o cualquier otro grupo que tenga algo de revolucionario. De la misma manera como el Libertador Simón Bolívar promulgó su decreto de guerra a muerte en la lucha emancipadora, nosotros debemos promulgar hoy también un decreto de guerra a muerte, aceptando todo lo que sea revolucionario, venga de donde viniere, y combatiendo todo lo que sea antirrevolucionario, venga también de donde viniere.

La unión debe hacerse por encima de las ambiciones personales. Es necesario que los jefes sepan que no podrán llegar a servir lealmente a la revolución si no es mediante un sacrificio personal, por ese ideal, hasta las últimas consecuencias. Dentro de los universitarios y los profesionales se encuentran casos de idealismo auténtico; sin embargo, muchas veces, se utiliza la revolución como un escalón para ascender socialmente y no como un fin de servicio al país y a la humanidad.

En un país subdesarrollado en donde menos del 2% de la población, como es el caso de Colombia, son profesionales y estudiantes universitarios, nosotros constituimos un grupo privilegiado. Estos últimos tienen asegurado su ascenso social durante los años de estudio sin tener que pagar la cuota de conformismo que se impone al resto de los miembros de nuestra sociedad para ascender. Esto, por lo menos, en las universidades en donde no se ha establecido el delito de opinión y en donde los inconformes no son expulsados por lo que piensan o por lo que defienden. Como grupo privilegiado, nosotros debemos restituir al pueblo colombiano los esfuerzos que ha hecho para que podamos ser una élite cultural. Los universitarios de los países subdesarrollados tienen un papel político irremplazable y se encuentran diariamente ante el drama de lograr una formación técnica indispensable para consolidar la revolución y la necesidad de intervenir en el proceso de cambio, descuidando muchas veces sus tareas diarias de formación y aprendizaje. Somos un grupo insustituible del cual esperan mucho las mayorías de nuestro país. Desgraciadamente, hemos traicionado muchas veces los intereses de la revolución colombiana al servicio de nuestros mezquinos intereses personales. Mientras no haya un grupo de estudiantes y profesionales resueltos a sufrir todas las consecuencias de la represión que les impondrá un sistema que está organizado contra los que quieren cambiar el estado de cosas en Colombia, no habrá en nuestro país un verdadero liderazgo revolucionario.

Necesitamos algunas condiciones indispensables para realizar la unión. La revolución es un ideal que debe fijarse de una manera muy determinada y precisa. No podemos unirnos con base en ilusiones vagas. Ante todo necesitamos objetivos nacionales que encaucen nuestras energías y las energías de todo el pueblo colombiano. Con grupos de jóvenes universitarios de todo el país, pertenecientes a movimientos revolucionarios o independientemente de estos, hemos venido elaborando y planteando una plataforma que resume los objetivos a largo plazo de una acción revolucionaria.

No basta la decisión íntima de entregarse hasta las últimas consecuencias.

La revolución es una tarea demasiado ardua para que las simples intenciones basten para realizarla. De lo contrario, sería inconcebible que no se hubiere llevado a efecto, dado el descontento general que existe en el país.

El inconformismo de los universitarios es algo evidente. Sin embargo, después de los primeros años de estudio, pasa la euforia revolucionaria. Al terminar la carrera se comienzan a buscar los vínculos con las estructuras vigentes. Sería mal visto por los futuros socios, empleados, patronos y palancas que el nuevo profesional tuviera el mote de «comunista», adjetivo que emplea la clase dirigente para descalificar a los inconformes.

Al terminar la carrera el inconformismo decae totalmente, salvo algunas pocas excepciones. Después, los que fueron los más aguerridos revolucionarios durante los estudios, en muchas ocasiones comienzan a hacerse perdonar de las oligarquías sus devaneos juveniles. Por eso, frecuentemente los estudiantes más revoltosos se convierten en los profesionales que defienden con más ahínco los privilegios, los símbolos de prestigio y aun las formas exteriores de vida de las clases dirigentes.

En el apego a esos símbolos de prestigio creo yo que en gran parte está la trampa para caer en el aburguesamiento. La sociedad nuestra es una sociedad burguesa. Los estudiantes participan subconscientemente de los valores de esta sociedad, aunque conscientemente los repudien. Una forma de repudio exterior de esos valores se manifiesta en los vestidos pobres y raros, en la barba y en las costumbres antitradicionales de muchos universitarios. Sin embargo, la imagen de lo que debe ser un profesional sigue siendo una imagen burguesa. El profesional, el doctor, debe estar bien vestido, vivir en una casa o un departamento más o menos bien amueblado, tener automóvil y vivir en un barrio residencial; tener oficina con máquinas, sala de espera y secretaria. Y como todo esto cuesta dinero, es necesaria una remuneración «adecuada» al nivel profesional. Desgraciadamente, las remuneraciones «adecuadas» las controla la oligarquía, y entonces hay que venderse y renunciar al inconformismo.

Mientras no seamos capaces de abandonar nuestro sistema de vida burgués no podremos ser revolucionarios. El inconformismo cuesta, y cuesta caro. Cuesta descenso en el nivel de vida, cuesta destituciones de los empleos, cambiar y descender de ocupación, cambiar de barrio y de vestido. Puede ser que implique el paso a una actividad puramente manual. El paso de la ciudad al campo o al monte. El arquitecto inconformista debe estar dispuesto a trabajar como albañil, si ese es el precio que le exige la estructura vigente para subsistir sin traicionarse.

Desgraciadamente, a esto no estamos decididos y buscamos en el subconsciente una especie de componenda en la cual podamos decir que luchamos contra el sistema y usufructuamos al mismo tiempo de él. En el mejor de los casos, nos convertimos en revolucionarios de cafés, sitios en donde podemos hablar sin comprometernos. Creo yo que esta es la íntima explicación de que los universitarios, y aun los profesionales, nunca logren una colaboración eficaz con la revolución.

Tenemos que convencernos de que, como dice el Evangelio, «hay más alegría en dar que en recibir». Al sacrificar todos esos impedimentos burgueses seremos mucho más felices, más libres, más auténticos con nosotros mismos. Estaremos dispuestos a afrontarlo todo. Hasta ahora no parece que el pueblo haya reconocido en los jefes esa entrega. El pueblo tiene suficiente olfato como para descubrir quién lo busca para servirlo o para utilizarlo...

Sin embargo, para eso es necesario que comencemos ya. Que nos mezclemos con las masas, que vivamos no solamente para los pobres, sino con los pobres y como los pobres. La integración con las masas es un elemento esencial a la revolución y a la unión. Estas no son patrimonio nuestro sino de los obreros y campesinos de Colombia. Ellos serán los que nos traigan la pauta, los que nos exijan, los que impongan la unión por encima de grupos y de personalismos caudillistas. Para los que conocen íntimamente a nuestra gente, la frase de Gaitán de que «en Colombia el pueblo es superior a sus dirigentes» no es una frase demagógica sino absolutamente real. Yo creo que solamente la dinámica de los hechos impondrá la unión, y estos hechos los tendrá que realizar la masa.

Nadie puede ser verdaderamente revolucionario si no confía en los valores del pueblo. Es lo único que nos puede librar del paternalismo práctico de que adolecen aun nuestros dirigentes de izquierda.

Debemos saber que cuando vamos a la base de nuestro pueblo, es mucho más para aprender que para enseñar. Puede ser que esa base tenga más dificultad para comunicar sus valores. En esa comunicación nosotros debemos esforzarnos para poder aprovechar lo que nos enseñe el pueblo. En él existen necesidades comunes, sufrimientos comunes, aspiraciones comunes. Por eso será, en última instancia, el pueblo el que nos enseñará cómo debemos realizar la unión.

Los universitarios e intelectuales tenemos, sin embargo, algo que aportar a esas masas. No como jefes sino como colaboradores, debemos dar una conciencia nacional que unifique el inconformismo de nuestras clases populares. Además de conciencia común, nosotros podemos estimular los valores que existen en nuestro pueblo siempre y cuando, como lo dije antes, confiemos en él. Nuestras gentes han vivido en condiciones de inferioridad, han sido frustradas muchas veces por las circunstancias, por los líderes y por el sistema. Son fatalistas y desconfían del resultado de su acción individual o colectiva. Nosotros debemos reconstruir la confianza que el pueblo debe tener en sí mismo. Debemos ayudarlo a que encuentre seguridad en la acción, por pequeños triunfos de acción colectiva al principio que, poco a poco, se convertirán en acciones cada vez de mayor trascendencia. Así, nuestro pueblo adquirirá una actitud activa ante sus propios problemas, condición indispensable para poderlos resolver por sí mismo.

Con todo, la conciencia y la actividad no bastan para realizar una revolución. La actividad anárquica puede resultar estéril y, por lo tanto, fuente de nuevas frustraciones. Se necesita la organización, organización que supone planificación, liderazgo, coordinación, control. La conciencia, actividad y organización que nosotros debemos promover en la clase popular nos exigen tener unidad de conciencia, unidad de actividad y unidad de organización entre nosotros mismos. Las rencillas de grupos y los personalismos desconciertan a esa masa. Este desconcierto que esteriliza la lucha debe ser para nosotros el más poderoso acicate para buscar la unión y no traicionar a nuestro pueblo y a nuestra misión histórica.

Proclama al pueblo colombiano

(Bogotá, enero de 1966)

Colombianos:

Durante muchos años los pobres de nuestra patria han esperado la voz de combate para lanzarse a la lucha final contra la oligarquía.

En aquellos momentos en los que la desesperación del pueblo ha llegado al extremo, la clase dirigente siempre ha encontrado una forma de engañar al pueblo, distraerlo, apaciguarlo con nuevas fórmulas que siempre paran en lo mismo: el sufrimiento para el pueblo y el bienestar para la casta privilegiada.

Cuando el pueblo pedía un jefe y lo encontró en Jorge Eliecer Gaitán, la oligarquía lo mató. Cuando el pueblo pedía paz, la oligarquía sembró el país de violencia. Cuando el pueblo ya no resistía más violencia y organizó las guerrillas para tomar el poder, la oligarquía inventó el golpe militar para que las guerrillas, engañadas, se entregaran. Cuando el pueblo pedía democracia, se le volvió a engañar con un plebiscito y un Frente Nacional que le imponía la dictadura de la oligarquía.

Ahora el pueblo ya no creerá nunca más. El pueblo no cree en las elecciones. El pueblo sabe que las vías legales están agotadas. El pueblo sabe que no queda sino la vía armada. El pueblo está desesperado y resuelto a jugarse la vida para que la próxima generación de colombianos no sea de esclavos. Para que los hijos de los que ahora quieren dar su vida tengan educación, techo, comida, vestido y, sobre todo, dignidad. Para que los futuros colombianos puedan tener una patria propia, independiente del poderío norteamericano.

Todo revolucionario sincero tiene que reconocer la vía armada como la única que queda. Sin embargo, el pueblo espera que los jefes, con su ejemplo y con su presencia, den la voz de combate.

Yo quiero decirle al pueblo colombiano que este es el momento. Que no le he traicionado. Que he recorrido las plazas de los pueblos y ciudades caminando por la unidad y la organización de la clase popular para la toma del poder. Que he pedido que nos entreguemos por estos objetivos hasta la muerte.

Ya está todo preparado. La oligarquía quiere organizar otra comedia en las elecciones; con candidatos que renuncian y vuelven a aceptar; con comités bipartidistas; con movimiento de renovación a base de ideas y de personas que no solo son viejas sino que han traicionado al pueblo. ¿Qué más esperamos, colombianos?

Yo me he incorporado a la lucha armada. Desde las montañas colombianas pienso seguir en la lucha con las armas en la mano, hasta conquistar el poder para el pueblo. Me he incorporado al Ejército de Liberación Nacional porque en él encontré los mismos ideales del Frente Unido. Encontré el deseo y la realización de una unidad por la base, de base campesina, sin diferencias religiosas ni de partidos tradicionales. Sin ningún ánimo de combatir a los elementos revolucionarios de cualquier sector, movimiento o partido. Sin caudillismos. Que busca liberar al pueblo de la explotación de las oligarquías y del imperialismo. Que no depondrá las armas mientras el poder no esté totalmente en manos del pueblo. Que en sus objetivos acepta la plataforma del Frente Unido.

Todos los colombianos patriotas debemos ponernos en pie de guerra. Poco a poco irán surgiendo jefes guerrilleros experimentados en todos los rincones del país. Mientras tanto debemos estar alertas. Debemos recoger armas, municiones. Buscar entrenamiento guerrillero. Conversar con los más íntimos. Reunir ropas, medicamentos y provisiones, y prepararnos para una lucha prolongada.

Hagamos pequeños trabajos contra el enemigo en los que la victoria sea segura. Probemos a los que se dicen revolucionarios. Descartemos a los traidores. No dejemos de actuar pero no nos impacientemos. En una guerra prolongada todos deberán actuar en algún momento. Lo que importa es que en ese preciso momento la revolución los encuentre listos y prevenidos. No se necesita que todos hagamos todo. Debemos repartir el trabajo. Los militantes del Frente Unido deben estar a la vanguardia de la iniciativa *y* de la acción. Tengamos paciencia en la espera y confianza en la victoria final.

La lucha del pueblo se debe volver una lucha nacional. Ya hemos comenzado porque la jornada es larga.

Colombianos: No dejemos de responder al llamado del pueblo y de la revolución.

Militantes del Frente Unido: Hagamos una realidad nuestras consignas:

¡Por la unidad de la clase popular hasta la muerte!

¡Por la organización de la clase popular hasta la muerte!

¡Por la toma del poder para la clase popular hasta la muerte! Hasta la muerte porque estamos decididos a ir hasta el final. Hasta la victoria porque un pueblo que se entrega hasta la muerte siempre logra su victoria.

¡Hasta la victoria final con las consignas del Ejército de Liberación Nacional!

¡Ni un paso atrás! ¡Liberación o muerte!

Mensaje a los cristianos

(Bogotá, agosto de 1965)

Las convulsiones producidas por los acontecimientos políticos, religiosos y sociales de los últimos tiempos posiblemente han llevado a los cristianos de Colombia a mucha confusión. Es necesario que en este momento decisivo para nuestra historia los cristianos estemos firmes alrededor de las bases esenciales de nuestra religión.

Lo principal en el catolicismo es el amor al prójimo.

«El que ama a su prójimo cumple con la ley» (San Pablo, Rom. XIII, 8).

Este amor, para que sea verdadero, tiene que buscar la eficacia. Si la beneficencia, la limosna, las pocas escuelas gratuitas, los pocos planes de vivienda, lo que se ha llamado «la caridad» no alcanza a dar de comer a la mayoría de los hambrientos, ni a vestir a la mayoría de los desnudos, ni a enseñar a la mayoría de los que no saben, tenemos que buscar medios eficaces para el bienestar de las mayorías.

Esos medios no los van a buscar las minorías privilegiadas que tienen el poder, porque generalmente esos medios eficaces obligan a las minorías a sacrificar sus privilegios. Por ejemplo, para lograr que haya más trabajo en Colombia, sería mejor que no se sacaran los capitales en forma de dólares y que más bien se invirtieran en el país, en fuentes de trabajo. Pero como el peso colombiano se desvaloriza todos los días, los que tienen dinero y tienen el poder nunca van a prohibir la exportación del dinero, porque exportándolo se libran de la devaluación.

Es necesario, entonces, quitarles el poder a las minorías privilegiadas para dárselo a las mayorías pobres. Esto, si se hace rápidamente, es lo esencial de una revolución.

La Revolución puede ser pacífica si las minorías no hacen resistencia violenta.

La Revolución, por lo tanto, es la forma de lograr un gobierno que dé de comer al hambriento, que vista al desnudo, que enseñe al que no sabe, que cumpla con las obras de caridad, que dé amor al prójimo no solamente en forma ocasional y transitoria, no solamente para unos pocos, sino para la mayoría de nuestro prójimo.

Por eso la Revolución no solamente es permitida sino obligatoria para los cristianos que vean en ella la única manera eficaz y amplia de realizar el amor para todos. Es cierto que «no hay autoridad sino de parte de Dios» (San Pablo, Rom. XIII, 1). Pero Santo Tomás dice que la atribución concreta de la autoridad la hace el pueblo.

Cuando hay una autoridad en contra del pueblo, esa autoridad no es legítima y se llama tiranía. Los cristianos podemos y debemos luchar contra la tiranía. El gobierno actual es tiránico porque no lo respalda sino el 20% de los electores y porque sus decisiones salen de las minorías privilegiadas.

Los defectos temporales de la Iglesia no nos deben escandalizar. La Iglesia es humana. Lo importante es creer que también es divina y que, si nosotros los cristianos cumplimos con nuestra obligación de amar al prójimo, estamos fortaleciendo a la Iglesia.

Yo he dejado los deberes y privilegios del clero, pero no he dejado de ser sacerdote.

Creo que me he entregado a la Revolución por amor al prójimo. He dejado de decir misa para realizar ese amor al prójimo en el terreno temporal, económico y social. Cuando mi prójimo no tenga nada contra mí, cuando haya realizado la Revolución, volveré a ofrecer la misa si Dios me lo permite. Creo que así sigo el mandato de Cristo: «Si traes tu ofrenda al altar y allí te acuerdas de que tu hermano tiene algo contra ti, deja allí tu ofrenda delante del altar, y anda, reconcíliate primero con tu hermano, y entonces ven y presenta tu ofrenda» (San Mateo, V, 23-24).

Después de la Revolución los cristianos tendremos la conciencia de que establecimos un sistema que está orientado sobre el amor al prójimo.

La lucha es larga, comencemos ya…

Mensaje a los comunistas

(Bogotá, septiembre de 1965)

Las relaciones tradicionales entre los cristianos y los marxistas, entre la Iglesia y el Partido Comunista, pueden hacer surgir sospechas y suposiciones erradas con respecto a las relaciones que en el Frente Unido se establezcan entre cristianos y marxistas y entre un sacerdote y el Partido Comunista.

Por eso creo necesario que mis relaciones con el Partido Comunista y su posición dentro del Frente Unido queden muy claras ante el pueblo colombiano.

Yo he dicho que soy revolucionario como colombiano, como sociólogo, como cristiano, como sacerdote. Considero que el Partido Comunista tiene elementos auténticamente revolucionarios y, por lo tanto, no puedo ser anticomunista ni como colombiano, ni como sociólogo, ni como cristiano, ni como sacerdote.

No soy anticomunista como colombiano porque el anticomunismo se orienta para perseguir a compatriotas inconformes, comunistas o no, de los cuales la mayoría es gente pobre.

No soy anticomunista como sociólogo porque en los planteamientos comunistas para combatir la pobreza, el hambre, el analfabetismo, la falta de vivienda, la falta de servicios para el pueblo, se encuentran soluciones eficaces y científicas.

No soy anticomunista como cristiano porque creo que el anticomunismo acarrea una condenación en bloque de todo lo que defienden los comunistas, y entre lo que ellos defienden hay cosas justas e injustas. Al condenarlas en conjunto, nos exponen a condenar igualmente lo justo y lo injusto, y esto es anticristiano.

No soy anticomunista como sacerdote porque, aunque los mismos comunistas no lo sepan, entre ellos puede haber muchos que son auténticos cristianos. Si están de buena fe, pueden tener la gracia santificante y, si tienen la gracia santificante y aman al prójimo, se salvarán. Mi papel como sacerdote, aunque no esté en ejercicio del culto externo, es lograr que los hombres se encuentren con Dios y, para eso, el medio más eficaz es hacer que los hombres sirvan al prójimo de acuerdo con su conciencia.

Yo no pienso hacer proselitismo respecto de mis hermanos los comunistas, tratando de llevarlos a que acepten el dogma y a que practiquen el culto de la Iglesia. Pretendo, eso sí, que todos los hombres obren de acuerdo con su conciencia, busquen sinceramente la verdad y amen a su prójimo en forma eficaz.

Los comunistas deben saber muy bien que yo tampoco ingresaré a sus filas, que no soy ni seré comunista, ni como colombiano, ni como sociólogo, ni como cristiano, ni como sacerdote.

Sin embargo, estoy dispuesto a luchar con ellos por objetivos comunes: contra la oligarquía y el dominio de los Estados Unidos, para la toma del poder por parte de la clase popular.

No quiero que la opinión pública me identifique con los comunistas y por eso siempre he querido aparecer ante ella en compañía no solamente de estos, sino de todos los revolucionarios independientes y de otras corrientes.

No importa que la gran prensa se obstine en presentarme como comunista. Prefiero seguir mi conciencia a plegarme a la presión de la oligarquía. Prefiero seguir las normas de los Pontífices de la Iglesia antes que las de los pontífices de nuestra clase dirigente.

Juan XXIII me autoriza para marchar en unidad de acción con los comunistas cuando dice en su encíclica *Pacem in terris*:

> Se ha de distinguir también cuidadosamente entre las teorías filosóficas sobre la naturaleza, el origen, el fin del mundo y del hombre, y las iniciativas de orden económico, social, cultural o político, por más que tales iniciativas hayan sido originadas e inspiradas en tales teorías filosóficas, porque las doctrinas, una vez elaboradas y definidas, ya no cambian, mientras que tales iniciativas, encontrándose en situaciones históricas continuamente variables, están forzosamente sujetas a los mismos cambios. Además, ¿quién puede negar que, en dictados de la recta razón e intérpretes de las justas aspiraciones del hombre, puedan tener elementos buenos y merecedores de aprobación?
>
> Teniendo presente esto, puede a veces suceder que ciertos contactos de orden práctico, que hasta aquí se consideraban como inútiles en absoluto, hoy, por el contrario, sean provechosos o pueden llegar a serlo. Determinar si tal momento ha llegado o no, como también establecer las formas y el grado en que hayan de realizarse contactos en orden a conseguir metas positivas, ya sea en el campo económico y social, ya también en el campo cultural o político, son puntos que solo puede enseñar la virtud de la prudencia, como reguladora que es de todas las virtudes que rigen la vida moral tanto individual como social.

Cuando la clase popular tome el poder, gracias a la colaboración de todos los revolucionarios, nuestro pueblo discutirá sobre su orientación religiosa.

El ejemplo de Polonia nos muestra que se puede construir el socialismo sin destruir lo esencial que hay en el cristianismo. Como decía un sacerdote polaco: «Los cristianos tenemos la obligación de contribuir a la construcción del Estado socialista siempre y cuando se nos permite adorar a Dios como queremos».

Mensaje a los no alineados

(Bogotá, septiembre de 1965)

Los síntomas de putrefacción y relajamiento del Frente Nacional son comunes a los que presentan todos los regímenes caducos en los últimos estertores de su existencia. Los dirigentes ahogan en fiestas y bacanales las inquietudes que el fermento popular les produce, y consagran su actividad política a componendas de camarilla, a luchas intestinas entre los directorios anacrónicos e impopulares; al pueblo ya no le interesan las discusiones entre los Lleras, los Gómez, los Ospinas, los Santos y los otros nombres de nuestra aristocracia feudal.[1]

---

1 El Frente Nacional (1957-1978) resultó del pacto entre el Partido Liberal y el Partido Conservador para poner fin al régimen de facto del general Gustavo Rojas Pinilla. El acuerdo se pactó por un período de dieciséis años, para asegurar dos gobiernos presididos por el Partido Liberal y otros dos por el Partido Conservador.

Como afirma el texto, los Lleras, los Gómez, los Ospinas y los Santos eran algunas de las familias de la aristocracia colombiana, pertenecientes a ambos partidos. Los más conocidos fueron:

Alberto Lleras Camargo (1906-1990), político, periodista y diplomático colombiano, miembro del Partido Liberal, ejerció la presidencia del país en los períodos de 1945-1946 y 1958-1962. Su primo, el también liberal Carlos Lleras Restrepo (1908-1994), fue luego presidente entre 1966 y 1970.

El pueblo tiene hambre. Está descontento. Está decidido a unificarse y a organizarse. El pueblo, sobre todo, tiene la decisión inquebrantable de tomar *el* poder.

En las pasadas elecciones la oligarquía aún no tenía necesidad de inventar votos. Si nosotros permitimos que las próximas elecciones se efectúen, entonces sí tendrá que inventar la existencia de muchos votos.

Los abstencionistas revelaron ser la mayoría de los electores. El 70% de los colombianos no acudió a las urnas. Cualquiera que tenga un conocimiento elemental de la gente colombiana, cualquiera que haya asistido conmigo a las concentraciones populares tiene que haber llegado al convencimiento de que los abstencionistas son opositores al Frente Nacional y a la oligarquía. Los abstencionistas en general son aquellos revolucionarios que no están organizados en grupos políticos. Si bien el espíritu revolucionario y antisectario que han revelado los grupos políticos que han ingresado al Frente Unido les ha permitido a estos conseguir un mayor número de adherentes, la mayoría de los colombianos se ha incorporado al Frente Unido sin inscribirse en los grupos políticos ya existentes. Estos mismos

---

Laureano Eleuterio Gómez Castro (1889-1965), escritor y político conservador colombiano, fue presidente de 1950 a 1951, cuando por problemas de salud debió ceder el poder a su ministro del Interior y de Guerra, Roberto Urdaneta. En 1953 decide retornar a la presidencia, pero es depuesto por el golpe de Estado encabezado por el general Gustavo Rojas Pinilla.

Mariano Ospina Rodríguez (1805-1885), uno de los fundadores del Partido Conservador, presidió la nación de 1857 a 1861. Su hijo, Pedro Nel Ospina (1858-1927), político y militar colombiano, miembro del Partido Conservador, también fue presidente entre 1922 y 1926. Mariano Ospina Pérez (1891-1976), igualmente conservador, ejerció la presidencia de la República de 1946 a 1950; durante su gobierno tuvo lugar «El Bogotazo».

Eduardo Santos Montejo (1888-1974), político y periodista colombiano, presidió el Partido Liberal y, luego, la República entre 1938 y 1942. *(N. del E.).*

grupos tienen que comprender que la actividad principal del Frente Unido debe ser la organización de los no alineados.

La organización de los no alineados deberá hacerse de abajo hacia arriba, con jefes propios *y* con una autoridad férrea pero despojada de todo carácter caudillista. Actualmente el vínculo principal de unión entre ellos es la plataforma del Frente Unido del Pueblo que yo he presentado como propuesta a la clase popular colombiana. Es posible que mi nombre tenga aún demasiada importancia dentro de este grupo, y en una etapa inicial, mientras mi nombre sirva para estimular la agitación y la organización revolucionarias, puede ser de bastante utilidad. Sin embargo, sería infantil repetir los mismos errores que han producido el fracaso de anteriores movimientos revolucionarios. Ya vimos cómo la oligarquía asesinó a Jorge Eliecer Gaitán. Ya vimos cómo la reacción del pueblo en este momento no fue la de reagruparse en torno a jefes revolucionarios, sino la de recurrir a los jefes de la oligarquía que sobre los hombros del pueblo llegaron al palacio presidencial a vender el movimiento revolucionario. Ya vimos cómo el pueblo desorganizado quiso dar la batalla en las ciudades en donde el enemigo es más fuerte. Ya vimos cómo el pueblo se dejó desconcertar y *se* dedicó al incendio y al robo en lugar de replegarse hacia los campos en donde el enemigo es más débil y los revolucionarios tienen más recursos.

Estamos apostando una carrera con la oligarquía. Es posible que esta me asesine antes de haber logrado una sólida organización entre los no alineados. Creo que sería demasiado torpe que me encarcelaran o me inventaran un proceso de guerra verbal... Por eso creo más en el asesinato. Lo importante es que el pueblo colombiano tenga consignas precisas si esto llega a ocurrir.

La primera es la de replegarse al campo y no librar la batalla en la ciudad.

La segunda es la de no ejercer ninguna acción ofensiva mientras no haya una organización rural *capaz* de mantenerla.

Con todo, es necesario que los no alineados se den cuenta de la gravedad del momento y de su responsabilidad histórica. Cada minuto que perdamos en organizaciones es un minuto que le estamos dando de ventaja a la oligarquía.

Las manifestaciones multitudinarias, el entusiasmo y la agitación revolucionarios son útiles en cuanto se reflejan inmediatamente en una organización por la base.

Es necesario que cada campesino raso, que cada obrero raso, que cada revolucionario se sienta responsable de formar un comando del Frente Unido con algunos compañeros o amigos, sin esperar directivas y sin esperar órdenes.

Se deben reunir:

1. Para discutir y divulgar la plataforma del Frente Unido.

2. Divulgar y financiar el periódico *Frente Unido.*

3. Cumplir las consignas inmediatas de acción.

4. Coordinar con los otros comandos de base para formar comandos veredales, de barrio, de fábrica, de colegio o universidad, de municipio, de región y de departamento.

5. Preparar los delegados a la gran convención nacional del pueblo para el 11 o 12 de diciembre de 1965.

La manifestación popular del 10 de octubre en la Plaza de Bolívar a las cinco de la tarde será la ocasión para que los no alineados se presenten en forma organizada por comandos y por agremiaciones. En esta manifestación el pueblo colombiano, y especialmente el de la capital, protestará por el estado de sitio y todas sus consecuencias represivas contra el pueblo colombiano: los consejos de guerra verbales, la persecución sindical, la persecución a los jefes de la oposición, los nuevos impuestos, la última devaluación, etcétera, etcétera.

La abstención electoral, por sí sola, no es un arma de combate revolucionaria; ella tiene que estar acompañada de una organización y de una disciplina beligerante y activa. Los no alineados, los revolucionarios sin partido, tendrán que transformarse, de una masa amorfa y débil, en un ariete que no dejará de golpear contra el sistema hasta verlo totalmente derrumbado.

La revolución, imperativo cristiano

(1964)

1. Esencia del apostolado cristiano

Para determinar cuál es la esencia del apostolado cristiano tenemos que precisar dos aspectos: uno ontológico y otro epistemológico. En otras palabras, debemos definir qué es el apostolado cristiano y cómo lo podemos *reconocer*.

1.1. ¿Qué es el apostolado cristiano?

El apostolado cristiano es la actividad que se desarrolla para establecer e incrementar el Reino de Dios.

El apóstol por excelencia es Cristo. Si definimos cuál fue la esencia de su misión, podemos definir cuál es la esencia del apostolado cristiano.

Dios le concedió poder a Cristo para que: «Él dé la vida eterna a todos aquellos que le confió» (Jn. XVII, 2).

En el evangelio de San Juan encontramos el uso de las palabras «vida» y «vida eterna» en el mismo sentido en que San Mateo usa la expresión «Reino de Dios», y San Pablo, la de «justicia» (Alfred Durand: *Evangile selon Saint Jean*, Ed. Gabriel Beauchesne, Verbum Salutis, París, 1927, p. 77). Identificación, por lo demás, legítima, ya que el Reino de Dios consiste en tener la vida; y la justicia —en el sentido paulino— consiste en poseer esa misma vida. Cristo vino «para que las ovejas tengan la vida y la tengan abundantemente» (Jn. X, 10), por consiguiente, la esencia del apostolado reside en trabajar para que todos tengan la vida sobrenatural y la tengan en abundancia.

1.2. ¿Cómo podemos reconocer el trabajo apostólico?

El trabajo apostólico consiste en todo aquello que lleve a los demás a tener la vida sobrenatural. Este trabajo siempre es eficaz, aunque sus resultados no sean visibles. El resultado último y esencial es invisible ya que es la misma vida sobrenatural. Sin embargo, hay varios indicios de la existencia de la vida sobrenatural que condicionan la actuación apostólica. Es importante que la acción apostólica se encamine a producir dichos indicios como medios y no como fines. Hay un elemento externo que es a la vez indicio y condición insustituible de la acción apostólica. Son las manifestaciones de amor al prójimo. Si esas manifestaciones de amor al prójimo están animadas de la vida sobrenatural, además de ser indicio y condición *sine qua non*, se convierten en fin de la acción apostólica. Explicaremos esta afirmación al aclarar cuáles son los demás indicios de existencia de la vida sobrenatural y, por lo tanto, de los medios propios del apostolado cristiano.

Los medios ordinarios para obtener la vida sobrenatural son los previstos en las Escrituras y en la práctica de la Iglesia: oración, sacramentos, misa. Sin embargo, el empleo de estos medios, aunque sea un buen indicio de existencia de la vida sobrenatural, no dan una certidumbre absoluta de dicha existencia, sin una revelación especial (*Conc. Trid. Sess. VI Decretum de Jiustificatione.* Denz. 805. S.S.). Es posible que haya una práctica de estos medios sin que haya caridad, y sin caridad no son índice de vida sobrenatural.

Profesar la fe en Dios y en Jesucristo puede ser también un índice de posesión de la vida sobrenatural. «La vida eterna es que ellos te conozcan a ti, único Dios verdadero, y a tu enviado, Jesucristo» (Jn. XVII, 3). Sin embargo, también se puede tener y profesar la *fe*, sin tener vida sobrenatural: «Si teniendo tanta fe que trasladase los montes, si no tengo caridad, no soy nada» (I. Cor. XIII, 2). De nada sirve al cristiano tener todos los indicios de tener la vida sobrenatural si no tiene caridad.

En cambio, si se tiene caridad, se tiene todo. «Porque aquel que ama al prójimo cumple con la ley» (Rom. XIII, 8). La caridad es, por lo tanto, «La ley en su plenitud» (Rom. XIII, 10).

No puede haber vida sobrenatural sin caridad, ni sin caridad eficaz. Esencialmente la caridad es el Amor sobrenatural. Para que haya verdadera caridad se necesita que exista un verdadero amor. Las obras en favor del *prójimo* son indispensables para que el amor sea verdadero. Por lo tanto, la caridad ineficaz no es caridad. «Es por sus frutos por lo que los reconoceréis» (Mt. VII, 16). «Si un hermano o una hermana están desnudos, si ellos carecen del alimento diario, y uno de vosotros le dice: Id en paz, calentaos, saciaos, sin darles lo necesario para su cuerpo, ¿de qué sirve esto?» (Sant. II, 15-16).

El juicio de Dios sobre los hombres está basado fundamentalmente en la eficacia de nuestra caridad. En el juicio final (Mt. XXV, 31 y ss.) lo que decidirá sobre la suerte eterna será haber dado comida, bebida, hospedaje, vestido, acogida real a nuestros hermanos.

Como conclusión, podemos afirmar que no hay vida sobrenatural en las personas que tienen uso de razón cuando faltan las obras en beneficio de nuestro prójimo. Estas obras, materiales y espirituales, en sí mismas no son indicios absolutamente ciertos de la existencia de la vida sobrenatural. Puede haber obras buenas que no sean sobrenaturales. Para que lo sean, se necesita que el que las ejecuta tenga la gracia, para lo cual es necesario tener la fe, aunque sea implícita. Una persona que esté de buena fe puede salvarse. No es cierto que fuera de la Iglesia no puede haber gracia, ni que la única forma de pertenecer a la Iglesia sea la recepción formal de los sacramentos. Puede haber Bautismo de deseo y Penitencia de deseo.

Por lo tanto, puede haber vida sobrenatural, aun cuando no haya fe explícita ni recepción formal de sacramentos. En cambio, no puede haber vida sobrenatural en los individuos racionales si no hay obras en favor del prójimo.

El problema no es de exclusión sino de prioridades, de política en la acción apostólica; en una palabra, de pastoral.

Sabemos que los sacramentos producen la vida sobrenatural. Pero la recepción externa no es necesaria para los sacramentos *in voto*. En cambio, sabemos que las obras en favor del prójimo (espirituales y materiales) sí son indispensables para la vida sobrenatural.

La acción apostólica puede especializarse en procurar la práctica de los sacramentos. Sin embargo, esta práctica, sin las obras, no vale nada.

Puede también concentrarse en las obras. Sin la gracia, las obras tampoco son meritorias.

Una buena pastoral que parta de los sacramentos debe terminar en las obras de caridad, y una buena pastoral que parta de las obras de caridad debe culminar en los sacramentos.

La única diferencia, pero muy importante, es la de que la práctica de los sacramentos no supone las obras. Es necesario probar que hay obras, aunque sean interiores, para presumir que hay vida sobrenatural: «Nosotros sabemos que hemos pasado de la muerte a la vida, porque nosotros amamos a nuestros hermanos» (I. Jo. III, 14).

En cambio las obras, interiores y exteriores, en favor de nuestro prójimo sí deben presumirse hechas por amor sobrenatural. La presunción de la existencia de la vida sobrenatural está basada en la obligación de pensar que todo el mundo está de buena fe mientras no se demuestre lo contrario.

Las dos vías son legítimas. Sin embargo, la insistencia en las obras parece más eficaz que la insistencia en los sacramentos. En abstracto, no podemos tampoco juzgar que la persona que aparentemente no haga sino recibir los sacramentos, no tenga obras desconocidas o incognoscibles (interiores) de amor al prójimo.

Lo que aquí estamos tratando de precisar es la prioridad y el énfasis que el apóstol debe dar a las obras.

Esta prioridad se aclara más si se consideran dos circunstancias históricas actuales. Circunstancias que deben, por otra parte, orientar la acción pastoral:

1.2.1. El problema social

El problema social actual ha sido definido desde el punto de vista cristiano en muchas ocasiones, por los Papas y por diversos autores. Elemento indiscutible en estas definiciones es el de la miseria material. No es un factor exclusivo, pero es indispensable para entender el problema y resolverlo. En el mundo actual es imposible ser cristiano sin enterarse del problema de la miseria material.

Ahora bien, el problema de la miseria material exige el concurso de todos los hombres. De ahí que solo en caso de una vocación especial, o de una circunstancia personal de excepción, es difícil, en la situación actual, poder eximir de las obras exteriores y materiales a los cristianos.

Como política de conjunto, el apostolado debe dirigirse con prioridad a las obras materiales en favor del prójimo, para centrarse en una perspectiva de caridad efectiva y actual.

1.2.2. El pluralismo

El pluralismo ha sido también reconocido como una característica de la sociedad actual. Pluralismo ideológico e institucional. Los sistemas religiosos, filosóficos y políticos opuestos han tenido que afrontar la realidad de su coexistencia. Esta resulta más fácil y menos costosa que la mutua eliminación. La coexistencia no puede verificarse sino en base a los puntos comunes. Un conjunto importante de puntos comunes los ofrecen los programas de acción. La acción a favor de los hombres, ejecutada por hombres, nunca es totalmente buena ni totalmente mala. Cuando se produce, cuando pasa de los proyectos a las realidades, se presenta como un reto a las conciencias de todos de los que buscan el bien de la humanidad.

El reto de la acción es bastante comprometedor: aceptar un programa de acción implica asumir los defectos inevitables que tenga; rechazarlo significa descartar las ventajas que innegablemente también tiene que tener.

Sin embargo, la acción es algo concreto. Las variables que la condicionan son controlables, en su mayoría, por la observación objetiva. Los hechos no se prestan a discusión. Por otra parte, la acción, para servicio de los demás, dentro de los valores del mundo actual, ha venido a ocupar el primer puesto. Cristianos y anticristianos lo aceptan como primera prioridad. Las diferencias están en los medios, en las modalidades y en los fines últimos. Pero el principio de amor al prójimo no se discute. El elemento en común está constituido por lo que es esencial en el cristianismo. Podríamos decir que en los no cristianos ese principio es naturalista y no es formalmente cristiano. Para afirmar esto debemos probar antes la mala fe de los anticristianos que profesan y realizan obras de beneficio para el prójimo.

Si el apóstol cristiano concentra sus energías principalmente (no exclusivamente) en que todos ejecuten obras de amor a los hombres, está insistiendo en un valor que es universalmente aceptado y que constituye un indicio de la existencia de la vida sobrenatural.

En un mundo pluralista la unión en la acción a favor de los hombres es una unión en una base presumiblemente cristiana.

Dentro de este criterio, dice el Papa Juan XXIII en la Encíclica *Pacem in Terris*:

> Se ha de distinguir también cuidadosamente entre las teorías filosóficas sobre la naturaleza, el origen, el fin del mundo y del hombre, y las iniciativas de orden económico, social, cultural o

> político, por más que tales iniciativas hayan sido originadas e inspiradas en tales teorías filosóficas, porque las doctrinas, una vez elaboradas y definidas, ya no cambian, mientras que tales iniciativas, encontrándose en situaciones históricas continuamente variables, están forzosamente sujetas a los mismos cambios. Además, ¿quién puede negar que, en dictados de la recta razón e intérpretes de las justas aspiraciones del hombre, puedan tener elementos buenos y merecedores de aprobación?
>
> Teniendo presente esto, puede a veces suceder que ciertos contactos de orden práctico, que hasta aquí se consideraban como inútiles en absoluto, hoy, por el contrario, sean provechosos o pueden llegar a serlo. (Juan XXIII, *Pacem in Terris*, Ed. Paulinas, Bogotá, 1963, p. 61.)

Las formas, las condiciones y las circunstancias de dicha unión las consideramos más adelante. Por ahora nos basta relievar la importancia de insistir en las obras exteriores en favor del prójimo para el apóstol que debe actuar en una sociedad pluralista.

Resumiendo: las obras en beneficio del prójimo son:

- Desde el punto de vista teológico, un índice de los más seguros de la existencia de la vida sobrenatural.
- Desde el punto de vista pastoral, el objetivo más importante para el apóstol que vive en una sociedad con problemas sociales y de constitución pluralista.

2. Elementos de la programación económica en los países subdesarrollados

2.1. Nociones

El concepto de «programación económica» debe ser precisado para poder hacer cualquier consideración al respecto.

Todo programa supone una previsión del futuro. Supone un plan. Por eso es necesario definir qué entendemos por planeación económica y en qué sentido la programación puede ser sinónimo de planificación.

Programación económica puede ser una previsión que no tenga ninguna seguridad de cumplirse. Puede ser también parte de una planificación económica. En el presente estudio se considerará en este sentido, y por eso se tratará de profundizar en la noción de planificación. La planificación económica es el conjunto de medios y de fines que se determinan para el desarrollo de los bienes y servicios de una determinada sociedad.

La planificación económica puede ser distinta de una comunidad a otra, de un país a otro, de una región socioeconómica a otra. También puede variar de acuerdo con los regímenes y la clase de autoridad que la plantea y ejecuta.

Las variables son diferentes en un país capitalista, desarrollado o en proceso de desarrollo, o en un país socialista.

2.2. Planificación en los países socialistas

La planificación en los países socialistas fue el resultado de las necesidades, más que un efecto premeditado de los técnicos marxistas.

La Unión Soviética tuvo que abordar desde el principio del régimen socialista la penuria de materias primas. Fue necesario centralizar su repartición. Esta centralización y esta repartición exigieron a su vez una centralización de informaciones. La labor del Consejo Superior de la Economía Nacional —creado por Lenin el 5 de enero de 1918— se redujo, al principio, a la aplicación a la industria de los «cuestionarios estadísticos» utilizados para la agricultura desde hacía mucho tiempo en otros países.

El «Servicio de Coyuntura» hacía previsiones al nivel nacional, que poco a poco se transformaron en directivas. El Gosplan —comisión del Plan del Estado— comenzó en 1923 a hacer proyectos de planes quinquenales para la industria metalúrgica y los transportes. Solamente después de quince años se fijaron métodos y teorías para una planificación nacional. Es de notar que al comienzo esta se llevó a cabo respetando la propiedad privada de la mayoría de los medios de producción. Por lo tanto, no era muy diferente de la planificación que se hace hoy en países capitalistas. Solamente cuando el Estado controló los principales medios de producción, pudo planificar con verdadera fuerza imperativa.

Mucho se ha discutido sobre la posible evolución económica de Rusia si hubiera continuado dentro del proceso capitalista que se desarrollaba en el resto de Europa. Sin embargo, esta es una suposición irreal. Debemos atenernos a los hechos y analizarlos como sucedieron históricamente. La Unión Soviética, gracias en gran parte a su sistema de planeación económica, con control del Estado sobre los medios de producción, ha llegado a ser hoy en día por lo menos la segunda potencia económica del mundo, partiendo de un estado de subdesarrollo en el año 1917.

¿A qué le podemos atribuir principalmente ese desarrollo?

Sin necesidad de adentrarse demasiado en la teoría marxista de la plusvalía, se puede afirmar que la Unión Soviética ha utilizado, casi en su totalidad y en forma progresiva, las ganancias de la producción nacional en fines comunes y técnicamente planificados. Este resultado tiene una estrecha relación de causalidad con la teoría marxista.

Sin embargo, cabe preguntarse: ¿Hasta dónde otra ideología, por ejemplo, de tipo espiritualista, habría podido inspirar efectos económicos semejantes? ¿Hasta dónde están implicados los principios materialistas en la orientación autoritaria de las inversiones?

Al final de este capítulo se considerará el problema.

2.3. Planificación en los países capitalistas

La planificación capitalista al nivel nacional solamente se encuentra en Alemania antes de la última guerra mundial.

Exceptuando planes parciales, únicamente después de esta época encontramos en casi todos los países una planificación económica nacional. La tardanza en la aparición de dichos planes se puede atribuir a las siguientes causas:

- Recursos suficientes en cuanto a materias primas.
- Ausencia de integración regional —Mercado Europeo, por ejemplo—.
- Falta de planeación generalizada al nivel empresarial y local.
- Ausencia de datos estadísticos suficientemente completos y exactos.
- Ausencia de una concepción suficientemente intervencionista del Estado.

La planificación económica en los países capitalistas, de la misma manera que en los países socialistas, es un efecto del desarrollo económico y de la competencia. Sin embargo, en los primeros que ahora se consideran, las características de la planeación son aún muy diferentes de las que son propias de los países socialistas. «Las producciones en un régimen liberal serían más en función de intereses particulares que de necesidades generales a las cuales se adaptan difícilmente», dice Campion (*Planification: Dictionaire des Sciences Economiques,* Presses Universitaires de France, París, 1958). Con todo, es necesario anotar de qué manera las «necesidades generales» han sido tomadas progresivamente más en cuenta en los países capitalistas. Para hacer este análisis debemos adentrarnos algo en la evolución de la estructura política de estos mismos países.

Recién establecidos los regímenes democráticos, los grupos de presión minoritarios orientaban la política económica. El desarrollo económico trajo consigo un desarrollo social caracterizado por una elevación de los niveles culturales y económicos de los grupos mayoritarios. La doctrina marxista y el movimiento social-cristiano alimentaron la formación de organizaciones populares. La escasez de mano de obra calificada primero, y de mano de obra nacional, en general, después, hicieron más poderosas las organizaciones nacionales de trabajo.

Con la elevación del ingreso nacional vino la elevación evidente, aunque no proporcional, del nivel económico de los grupos mayoritarios. Esto facilitó el aumento del nivel educacional, de las cooperativas de todo género, dentro de estos mismos grupos que empezaron a ejercer presiones diversas y eficaces sobre los organismos gubernamentales. El juego de fuerzas entre las minorías, detentadoras del poder económico, y las mayorías organizadas se hizo más equitativo. Los intereses particulares se hicieron más generales. Esto, naturalmente, dentro del ámbito nacional, ya que en relación con la política *internacional* los intereses de los países indigentes eran sacrificados a los de los países ricos. La predicción de Lenin comenzó a cumplirse: el capitalismo nacional se convirtió en imperialismo internacional.

La característica que diferencia fundamentalmente la planificación capitalista de la planificación socialista es el grado de control sobre las inversiones y la rapidez con que este se adquiere.

En el momento actual el control sobre las inversiones ejercido en los países capitalistas, realizado por sistemas indirectos tales como los impuestos, el crédito, los subsidios, etcétera, es bastante generalizado. Sin embargo, nunca alcanza el grado de intensidad de los países socialistas, y los intereses particulares, aunque intervenidos, no dejan de ser importantes en las decisiones de la política en general.

En cuanto a la rapidez, es cierto que la adquisición del control supuso en los países socialistas un proceso de varios años como se expuso atrás. Con todo, la orientación hacia los intereses comunes y el criterio técnico imperaron desde un principio y el proceso fue evidentemente más corto.

2.4. Planificación en los países subdesarrollados

Los países indígenas han sido llamados países subdesarrollados, países en desarrollo o en vía de desarrollo.

Las diversas denominaciones últimamente han adquirido un carácter eufemístico más conforme a una delicadeza paternalista que a un criterio técnico.

El subdesarrollo tiene, evidentemente, diversos grados. Sin embargo, un país subdesarrollado es diferente de un país «en desarrollo». El primero se encuentra estructuralmente imposibilitado para desarrollarse. El segundo ya ha pasado por el que ha solido llamarse «punto de arranque» del desarrollo. De lo contrario no se podría llamar «en desarrollo».

La planificación en los países subdesarrollados debe beneficiarse hoy en día de las experiencias adquiridas en la materia, tanto por los países capitalistas como por los países socialistas.

De hecho, los países subdesarrollados están intentando hoy en día la realización de una planificación económica. En muchos de ellos existen organismos estatales de planeación que la ejecutan con muy poca eficacia. Para mejorarla se proponen fórmulas administrativas, se reúnen expertos, se celebran congresos. Sin embargo, es necesario que se analicen las deficiencias estructurales que obstaculizan en estos países una auténtica y eficaz planificación económica en favor de las mayorías.

Dentro de estas deficiencias surgen dos tipos de obstáculos: los económicos y los sociales.

2.4.1. Obstáculos económicos (anotaremos los principales)

2.4.1.1. Falta de inversiones productivas

Esquematizando, las inversiones pueden ser de capitales nacionales y de extranjeros.

Las inversiones productivas de capitales nacionales son difíciles de lograr espontáneamente. En primer lugar, porque los capitales nacionales son escasos, ya que escaso es el ahorro, porque los ingresos son bajos. Además, los capitales se invierten, de preferencia, en países que tengan moneda estable, y donde haya más seguridades institucionales. Es decir, en países industrializados y desarrollados. Estos fenómenos constituyen círculos viciosos difíciles de romper.

Por otra parte, las inversiones en bienes de consumo y bienes suntuarios no son planificadas ni siempre son las más productivas. Desgraciadamente estas son las más usuales en los países subdesarrollados.

En estos es imposible lograr inversiones productivas si ellas dependen de la iniciativa privada.

En cuanto a la inversión de capitales extranjeros, el factor político es determinante. La división del mundo en dos bloques, capitalista y socialista, hace que los países subdesarrollados que se alineen en uno u otro se vean sometidos a un monopolio en cuanto a la financiación externa.

La falta de competencia que implica esta polarización pone a los países subdesarrollados incondicionalmente en estado de dependencia del país inversionista.

La planificación de las inversiones, tanto nacionales como extranjeras, requiere hoy en día que se haga en el plano supranacional.

Todos los países subdesarrollados aspiran a conquistar su independencia económica mediante la industrialización. Casi todos pretenden también poseer una industria pesada nacional.

Sin embargo, los esfuerzos aislados de cada nación pueden resultar antieconómicos. Mediante la integración regional podría estudiarse qué género de inversiones podría ser más productivo y, si es el caso, que algunos países se especialicen en producción agropecuaria y otros, en algunas industrias complementarias de las de los demás.

Esta planificación supranacional exige un margen de libertad, para que los países subdesarrollados puedan aprovecharse del juego de la competencia establecida entre los países desarrollados.

2.4.1.2. Falta de personal técnico

El personal técnico no se puede lograr sin inversiones en el sector de la educación. Los bajos presupuestos de los países subdesarrollados para este son una manifestación de la falta de criterio de productividad en las inversiones. Se prefiere invertir en material bélico, en ejército o en burocracia poco eficaz, ya que estas inversiones están más de acuerdo con los intereses de las minorías privilegiadas, a quienes corresponde tomar las decisiones.

Con porcentajes tan bajos de preparación técnica, es imposible tener ejecutores de un plan de desarrollo verdaderamente científico. Influyen también poderosamente los altos índices de analfabetismo. Este defecto en la base trasciende lógicamente a los niveles medio y superior de la educación. Por falta de planeamiento autoritativo, en ocasiones los profesionales de nivel superior son más numerosos que los de nivel medio, pese a que las necesidades requieren lo contrario. Los mejor calificados de nivel superior muchas veces emigran a países desarrollados donde encuentran mayor remuneración.

En muchas ocasiones la ayuda por parte de los países ricos a los subdesarrollados se hace en base a la asistencia técnica. Esta es muy necesaria, pero sería importante estudiar también cómo evitar la emigración de los técnicos nacionales.

2.4.1.3. Falta de una política de desarrollo

La falta de inversiones productivas y de personal técnico está sometida a una serie de círculos viciosos de los cuales es imposible salir sin una decisión por parte de los que controlan los factores de poder. En los países subdesarrollados, los diversos factores de poder están generalmente concentrados en muy pocas manos. Los medios de producción y los altos niveles culturales pertenecen a una clase dirigente minoritaria. Esta misma clase reducida ejerce, por sí misma o por medio de un cuerpo de políticos, el poder político; en algunos países donde hay una mayor división de trabajo, el grupo dirigente ni siquiera se toma la molestia de ejercer funciones públicas. Le basta con poder dirigir a los funcionarios. El ejército no se justifica en dichos países sino para mantener el orden interno, es decir, la estructura dominante. Cuando se habla sobre las frecuentes revoluciones o golpes de Estado, en Latinoamérica por ejemplo, no se trata de verdaderas revoluciones, ya que las estructuras se conservan intactas. Lo que sucede es que hay apenas un simple relevo de personal en los cargos públicos. Cuando este relevo no lo puede ejecutar la clase dirigente por las vías legales, entonces opta por las ilegales.

A través del poder económico, del poder cultural, político y militar, la clase dirigente controla los demás poderes. En aquellos países donde la Iglesia y el Estado están unidos, la Iglesia es un instrumento de la clase dirigente. Cuando, además, la Iglesia posee gran poder económico y poder sobre los medios educacionales, la Iglesia participa del poder de la minoría dirigente.

A continuación se tratará de analizar qué factores influyen en las decisiones económicas de las minorías dirigentes de los países subdesarrollados, y si es posible que estas tomen medidas para romper los círculos viciosos.

Como ejemplo veremos las decisiones que se toman respecto de las inversiones, ya que de estas dependen los dos primeros obstáculos ya anotados, a saber, falta de inversiones productivas y de personal técnico.

Las decisiones para hacer inversiones que sirvan a las mayorías difícilmente pueden ser adoptadas por las minorías, a no ser que también se beneficien por las mismas decisiones. Es cierto que pueden encontrarse actitudes altruistas en algunos miembros del grupo minoritario. Pero es difícil que las motivaciones individuales produzcan actitudes del grupo como tal.

Se examinará una decisión que podría ser tomada por la clase minoritaria y que favorecería a todos: la elevación general de los niveles de vida.

El aumento del poder adquisitivo aumenta, en principio, la demanda, y aumentando la demanda se puede aumentar la producción.

Ahora bien, para que este mecanismo funcione se necesitan algunas condiciones; expliquémoslas:

2.4.1.3.1. Existencia de una economía nacional de mercado

Un sector importante de los miembros de la clase dirigente de los países subdesarrollados no basa sus ingresos en una economía de mercado nacional. Los terratenientes ausentistas, muchos propietarios de finca raíz y los que invierten en el extranjero, no se ven afectados por las fluctuaciones inmediatas de la demanda de bienes y servicios dentro del mercado interno.

2.4.1.3.2. Competencia libre —ausencia de monopolios, oligopolios y de proteccionismo aduanero

La concentración del poder económico en pocas manos es correlativa a la estructura monopolística. En los países subdesarrollados los monopolios, los *trusts* y los carteles controlan la producción, especialmente la producción industrial. En cuanto a la producción agropecuaria que esté dentro de una economía de mercado, los intermediarios se constituyen en monopolistas de la distribución.

El productor monopolístico no depende necesariamente del volumen de la demanda para mantener su nivel de ganancias. Puede establecer el precio por encima de los costos marginales de producción. Solamente aumentará el volumen de producción cuando las ventajas de la cantidad de ventas justifiquen la baja del precio que implica ese aumento.

La elevación de los niveles de vida se haría a costa de las ganancias de los capitalistas. Es mucho más cómodo insistir en precios altos para menos consumidores, que en precios bajos para más consumidores. La última fórmula implica más trabajo, más posibilidades de conflictos laborales y una reducción de bienes suntuarios. Si los monopolios gozan de la protección del Estado, se excluye la competencia de los productos extranjeros. Mientras el precio de estos sea más elevado, el esfuerzo que hace el productor nacional es únicamente sobre la calidad. La propaganda irá dirigida al sector de la población que consume, por cualquier razón, productos extranjeros. La demanda que interesa al monopolista es la proveniente de los estratos económicos altos. Los productores procuran un aumento en los niveles generales de vida solamente en un mercado de libre competencia.

2.4.1.3.3. Mentalidad de empresario de los productores

No obstante las limitaciones en las condiciones anteriores es innegable que existen, en los países subdesarrollados, algunos productores que, dentro de una economía de mercado, están en libre competencia. Sin embargo, para que estos decidan hacer aumentar la demanda de sus productos, necesitan tener el deseo de ampliar su producción. Para esto se requiere poseer mentalidad de empresario en el sentido en que la define Schumpeter, en la cual la productividad, la creatividad y la audacia están en primer término. Con todo, la divulgación de esta mentalidad depende estrechamente del desarrollo económico general. Son dos factores entre los cuales existe causalidad recíproca. En los países subdesarrollados la mentalidad feudal es la más generalizada. El prestigio está más basado en poseer, y poseer bienes ostensibles, que en producir o poseer bienes de producción. Esto hace que solo una pequeña minoría de los productores esté interesada en la elevación de los niveles de vida de las clases populares.

Esta minoría es la que ha solido llamarse burguesía progresista o nacionalista.

El ejemplo de la decisión anotada respecto de los niveles de vida nos ilustra sobre la dificultad que hay para que la clase dirigente tome decisiones para bien de las mayorías y no exclusivamente de sus propios intereses.

En los países subdesarrollados, el poder de esta clase es tan grande que toda concesión es pérdida.

La iniciativa de ruptura de los círculos viciosos difícilmente podrá partir espontáneamente de las minorías dirigentes. Esta es la base para que no exista en los países subdesarrollados una política de desarrollo, y no pueda haber una verdadera y auténtica planificación económica.

2.4.2. Obstáculos sociales

Al analizar la ausencia de una política de desarrollo se vio la dificultad de que la clase dirigente hiciera prevalecer los criterios técnicos para lograr el bienestar de las mayorías sobre sus propios intereses de clase.

Si la iniciativa no parte de la clase dirigente, se puede suponer que venga de las mayorías, como también se expuso al hablar de los países capitalistas desarrollados.

Sin embargo, es difícil que las mayorías puedan, en los países subdesarrollados, ejercer presiones suficientemente eficaces para orientar la política de desarrollo económico.

Claro está que así como hay diferencia en los grados de desarrollo, también las habrá en las posibilidades de presión de las mayorías para efectos económicos.

A continuación se considerarán los obstáculos para que las mayorías puedan ejercer presión para efectos exclusivamente económicos. Estos obstáculos se presentan, en general, en los países subdesarrollados, pero en grado diferente.

Entre los principales se pueden enumerar los siguientes:

2.4.2.1. Falta de motivación

La motivación está en razón directa de la eficacia prevista. Ahora bien, la eficacia prevista depende de las experiencias y de las informaciones. Las experiencias eficaces en materia económica son efecto de los otros obstáculos que se considerarán más adelante.

Las informaciones versan sobre eficacia en otras sociedades similares.

En general, las masas populares de los países subdesarrollados tienen muy poca confianza en su propia capacidad para lograr reformas económicas estructurales. Para reformas accidentales sí tienen alguna confianza y, por lo tanto, motivación.

2.4.2.2. Falta de información

La información se toma aquí en el sentido más amplio: posibilidad de leer, de oír, de aprender, etcétera.

Los medios de información de las clases populares, mayoritarias, son bastante precarios. Por los altos índices de analfabetismo, los medios auditivos se han convertido en los más corrientes, especialmente después de la invención del sistema de los transistores que no requieren obras de infraestructura para producir energía.

Los contactos personales son también efectivos, aunque en estos países se ven obstaculizados por la penuria de los medios de transporte.

Los mejores medios son más aptos para transmitir y cantar *slogans* de género más político que científico. La información en asuntos económicos no ocupa un lugar importante en el conjunto de las noticias que reciben las masas populares de los países subdesarrollados. Dentro de estas se encuentran muchos de los fracasos sindicales en materias económicas, que en estos países son frecuentes.

2.4.2.3. Falta de organización

La organización supone planeamiento y disciplina, elementos estos que constituyen un subproducto del desarrollo.

Los países subdesarrollados generalmente han sido dominados por países desarrollados. Las diversas formas de colonialismo han favorecido la pasividad en las mayorías de estos. El individualismo, especialmente entre la población rural, minifundista, se ha implantado al mismo tiempo que las instituciones colonialistas.

Las organizaciones de base son escasas en los países subdesarrollados. Los rezagos indígenas de organización comunitaria van desapareciendo paulatinamente, especialmente en los países donde las clases dirigentes son más reducidas.

2.4.2.4. Falta de libertad de acción

La acción de grupos rurales ha sido siempre difícil, por la dispersión y el individualismo que en general caracterizan a sus componentes. Los grupos más poderosos desde el punto de vista numérico, económico y organizativo, pertenecen a las grandes empresas, tanto urbanas como rurales. Con todo, los miembros de base de estas empresas participan generalmente de los privilegios de los patronos, aunque en escala muy inferior. En general, los sindicatos de las grandes empresas monopolistas o protegidas son sindicatos patronalistas que no gozan de libertad de acción.

Los bajos recursos económicos de esta población de base le impide la libertad de acción. Las huelgas de los sindicatos no patronalistas, cuando no son declaradas ilegales, son reducidas por hambre.

El macartismo legal o informal es un instrumento de las clases dirigentes para impedir la acción de las organizaciones de base y, en especial, la de sus dirigentes.

Como conclusión, podemos afirmar que en los países subdesarrollados no se podrán formar grupos mayoritarios para producir cambios exclusivamente económicos de carácter estructural sin elementos implicados en el mismo proceso de desarrollo. Dichos elementos son principalmente: una motivación eficaz para formarlos, una información cierta y completa, un sentido de planificación y de disciplina, y una relativa libertad política, legal y económica para actuar.

2.5. Posibilidad de presión política para las mayorías en los países subdesarrollados

Para las presiones de tipo político ejercidas por las mayorías, los obstáculos en los países subdesarrollados son mucho menores.

La propaganda política es más abundante y accesible. Causa motivaciones basadas en éxitos conocidos. Las organizaciones políticas, por el contrario, son más difíciles, pero en ocasiones se pueden disfrazar bajo la apariencia de organizaciones sociales y, en este caso, la clandestinidad favorece la motivación. La libertad de acción es también reducida y quizá más que para producir las presiones económicas. Sin embargo, la lucha, precisamente para conquistarla, por hacerse más obvia se torna menos difícil.

Es claro que la presión política no se puede aislar de la presión económica ni, mucho menos, de la presión social. Con todo, se considera aquí la presión política en el sentido de la serie de gestiones, legales o ilegales, pacíficas o violentas que se realizan con vistas a procurar decisiones gubernamentales. Las decisiones gubernamentales pueden ser dentro de las estructuras, reformando las estructuras o cambiándolas. En consecuencia la presión se puede hacer o para obtener cambios accidentales, o para reformar las estructuras o para cambiarlas. Esta distinción es fundamental para los países subdesarrollados.

La presión para lograr cambios accidentales, no estructurales, ha sido generalmente la única actividad de los grupos mayoritarios organizados. El establecimiento de una legislación laboral calcada de la de los países desarrollados ha servido como sofisma de distracción para canalizar los esfuerzos de la clase popular hacia lo accidental. Dentro de estos cambios accidentales, figuran algunas ventajas económicas que estarían comprendidas en los resultados de las presiones de tipo económico de que se habló atrás.

La presión para obtener cambios reformistas es aquella que pretende soluciones de transacción. Es decir, soluciones que contemplen intereses comunes a la clase alta y a la clase popular. Estas soluciones no cambian las estructuras, sino que las adaptan a esos intereses, en caso de que existan. En ocasiones, preñarán a la sociedad para un cambio fundamental. Por ejemplo: las Leyes de Reforma Agraria que sirven para industrializar un país.

La presión para obtener un cambio revolucionario es la que se encamina al cambio de las estructuras. Especialmente se trata de un cambio en la estructura de la propiedad, del ingreso, de las inversiones, del consumo, de la educación y de la organización política y administrativa. Igualmente contempla el cambio en las relaciones internacionales de tipo político, económico y cultural.

El deseo y la previsión de la clase dirigente se modifican, con el género y con la intensidad de la presión proveniente de la clase popular.

En el cuadro siguiente se exponen las alternativas que puede plantear esta confrontación de actitudes y de fuerzas.

Formas posibles de cambio de estructuras

	Clase Dirigente		Clase Popular		
Valores	Deseo	Previsión	Presión	Resultado	Ejemplo
	b	a	a	Revolución pacífica	Chile
a = Máximo	c	c	a	Revolución violenta	Cuba
b = Medio	c	b	b	Reformismo	Colombia
c = Mínimo	c	a	b	Golpe de Estado derechista	Brasil
	c	a	c	Represión	Venezuela
	b	b	b	*Statu quo*	Uruguay
	a	a	a	Revolución pacífica ideal	

Explicación del cuadro:

Valores: Se toman arbitrariamente tres grados de intensidad: el máximo, el medio y el mínimo.

Deseo: No se trata de una actitud tradicional y sentimental únicamente. Ni de una actitud de personas aisladas. El deseo puede ser motivado por razones económicas y por intereses de grupo. Del deseo se excluye, en este planteamiento, el temor ante el peligro de no supervivir como clase o como grupo. Este temor se incluye en la columna *Previsión.*

El deseo se analizó anteriormente, al considerar los intereses comunes que podrían determinar a la clase dirigente a hacer decisiones en cuanto a las inversiones productivas.

Aunque se corra el riesgo de generalizar arbitrariamente, se puede afirmar que el grado de deseo en la clase dirigente depende del número, y de la independencia económica, el nacionalismo y la mentalidad de empresarios de que gocen sus miembros. Una burguesía progresista puede desear el cambio de estructuras. Sin embargo, el progresismo en la burguesía es también un subproducto del desarrollo general.

Previsión: La previsión es una posición totalmente intelectual y racional. Un suceso se puede prever aunque no se desee. La actitud ante el cambio de estructuras puede variar fundamentalmente si este se prevé. Muchas decisiones se pueden tomar por parte de la clase dirigente en virtud del famoso principio de «sacrificar algo para no perderlo todo».

La previsión de la clase dirigente depende de dos factores: la capacidad de análisis y la información. La capacidad de análisis está en función de la calificación y de la inteligencia de sus líderes. La información depende de los canales de comunicación.

Si uno de los dos factores falla, la previsión falla también. Por eso se pueden plantear diferencias entre la previsión de la clase dirigente y la presión real de la clase popular.

Desgraciadamente en los países subdesarrollados es posible que se presenten fallas en las dos. La calificación profesional promedio de los dirigentes puede ser baja, especialmente en los países colonizados donde los países colonizadores han impedido la educación superior de los cuadros autóctonos.

De todas maneras, es muy probable que la calificación de los dirigentes se resienta del bajo nivel educacional general, característico de los países subdesarrollados. Esta situación se agrava si los más calificados salen a trabajar a los países desarrollados.

En cuanto a la información, el problema en los países subdesarrollados, generalmente colonizados en alguna época, es la coexistencia de dos culturas.

Maurice Duverger[1] clasifica estas dos culturas dentro de la «Población moderna» y la «Población arcaica».

En general, la minoría dirigente se identifica con la primera, y la mayoría popular, con la segunda. La separación cultural es el principal obstáculo para la información. Los medios de comunicación son cada vez más asequibles a la clase popular. Esta comunicación aumenta las expectaciones de esta clase, en forma desproporcionadamente mayor a los progresos económicos y sociales. Las instituciones de comunicación son controladas por la clase dirigente —prensa, radio, televisión, etcétera—. La clase popular tiene pocos medios de comunicación. Esta circunstancia puede producir una información relativamente buena por parte de la clase popular, en relación con las actitudes de la clase dirigente, pero también puede impedir que la clase dirigente sepa lo que está sucediendo en los grupos mayoritarios. En muchas ocasiones, por las diferencias culturales, es posible que se emplee el mismo vocabulario con

1 Maurice Duverger: «La influencia de las fuerzas políticas en la Administración Pública en los países en proceso de desarrollo», en *Documentos de la Primera Conferencia Latinoamericana sobre la Administración Pública en los Países en Desarrollo*, ESAP Bogotá, 1963, t. 1, p. 18. [*N. del A*].

significados diferentes. Entonces el lenguaje puede distanciar más que unir. Puede ser que exista una presión de base poderosa que no sea prevista por la clase dirigente.

Presión: Ya se explicaron atrás las diferentes clases de presión que puede ejercer la clase popular.[2] En este cuadro no se intenta precisar cuál de las tres se ejerce. Con todo, el grado de intensidad (a, b, c) se refiere a la eficacia con que se busque el cambio estructural propiamente dicho.

El resultado: Puede ser dudoso, pero el expresado se considera bastante probable.

Los ejemplos: Son tomados de casos latinoamericanos que son los que más conoce el autor. Puede ser que no sean totalmente exactos, pero son ilustrativos.

2.6. Deducciones

De las alternativas planteadas se pueden extraer las siguientes conclusiones:

- En los países subdesarrollados los cambios de estructura no se producirán sin presión de la clase popular.
- La revolución pacífica está directamente determinada por la previsión de la clase dirigente, ya que el deseo por parte de esta es difícil de lograr.
- La revolución violenta es una alternativa bastante probable, por la dificultad de previsión que tienen las clases dirigentes.

Respecto de la planificación económica se puede afirmar que es difícil obtener una planificación económica orientada técnicamente

2 Se refiere a la presión para obtener cambios accidentales no estructurales, la presión para obtener cambios reformistas, y la presión para obtener un cambio revolucionario. *(N. del E.).*

para las mayorías si no hay una reforma de estructuras que permita, a esas mayorías, presionar las decisiones políticas.

Si la planificación no la hace el Estado, orientando coercitivamente las inversiones, es imposible lograr eficiencia en favor de las mayorías. Por esto el problema para el cristianismo se plantea en términos de caridad eficaz, es decir, en términos de aquello que constituye la primera prioridad en el apostolado del mundo moderno y de los países subdesarrollados.

3. Responsabilidad del cristiano en la planificación económica

3.1. Planteamiento del problema

Se ha demostrado que el apostolado actual debe tener como principal objetivo, especialmente en los países subdesarrollados, el logro de una caridad verdaderamente eficaz entre todos los hombres, sin distinción de credos, actitudes o culturas.

Por otra parte, parece prácticamente imposible lograr que las mayorías de los países subdesarrollados logren acceso a niveles socioeconómicos verdaderamente humanos sin una planificación económica que cambie las estructuras. Las estructuras no cambiarán sin una presión de las mayorías, presión que será pacífica o violenta, de acuerdo con la actitud que asuma la clase dirigente minoritaria.

Ante ese proceso, el cristianismo debe adoptar una actitud para no traicionar la práctica de la caridad. Es necesario que su reacción no sea, en absoluto, una reacción oportunista y claudicante ante las exigencias del mundo. Pero el cristiano no debe apartarse del mundo, sino preservarse del mal (Jo. XVII, 15). Debe santificar al mundo en la verdad (Jo. XVII, 19). Debe, como Cristo, encarnar en la humanidad, en su historia y en su cultura. Para eso debe buscar la aplicación de su vida de amor sobrenatural en las estructuras económicas y sociales en las cuales tiene que actuar.

3.2. Posibilidades históricas de realizar en los países subdesarrollados una planificación económica tecnificada en favor de las mayorías

3.2.1. Realización dirigida por los cristianos

Cuando se habla de una realización temporal ejecutada por cristianos, se debe descartar todo género de integrismo. Se trata de la acción de los cristianos como personas, como ciudadanos del mundo, y no como integrantes de una institución y una sociedad religiosa.

Por esta razón no es necesario definir si esta acción se verificará por un partido político que se llame cristiano o por cualquier organización en que participen los cristianos. Lo que se intenta definir son las posibilidades, ventajas y desventajas, de que los cristianos lleven el liderazgo de una planificación tecnificada en favor de las mayorías en los países indigentes.

3.2.1.1. Posibilidades

No obstante los adelantos logrados en los últimos tiempos, es necesario reconocer que los cristianos han andado a la zaga en el campo de las realizaciones sociales. Además, solo en los últimos tiempos la orientación técnica y científica ha sido del patrimonio de los cristianos. Tanto por su comprometimiento como por su calificación científica, los cristianos, especialmente en los países subdesarrollados, no merecen, en general, o no pueden llevar el liderazgo en la planificación económica y en la reforma de estructuras.

Esta situación podría cambiar en el caso de que las otras corrientes ideológicas se detuvieran en su acción y en su tecnificación, y los cristianos continuaran en su avance. Sin embargo esto no parece probable.

3.2.1.2. Ventajas

En el caso de que los cristianos asumieran el liderazgo del cambio y de la planificación, es posible que los fines últimos fueran de un humanismo más integral y que los medios escogidos fueran menos traumáticos, especialmente en relación con ciertos valores espirituales.

3.2.1.3. Desventajas

Dadas las circunstancias históricas en que se encuentran los cristianos, es posible que estos fallen por la falta de tecnificación y por el monolitismo doctrinal. Monolitismo en el sentido de exclusión del pluralismo en la acción, lo cual impide el concurso de muchos líderes de alta calificación científica. Esta exclusión no se la pueden permitir los países donde lo que hay es precisamente penuria de técnicos.

3.2.2. Realización dirigida por los marxistas

Por marxistas se entiende específicamente los que se adhieren al materialismo histórico y al materialismo dialéctico. Dentro de estos se encuentran los comunistas ortodoxos. El caso de estos es necesario tratarlo aparte. En primer lugar se considerarán los marxistas que no obedecen la disciplina de los partidos comunistas oficiales.

3.2.2.1. Posibilidades

En el mundo moderno, los marxistas comenzaron el movimiento en favor del cambio de estructuras. Tienen técnicos en economía y en ciencias físicas y biológicas. El dogmatismo en ciencias sociales perjudica parcialmente a los ortodoxos, que son los verdaderamente dogmáticos. Se dice «parcialmente» porque muchos análisis socioeconómicos de los ortodoxos concuerdan con la realidad socioeconómica de los países indigentes. Es más, si se comparan los análisis marxistas que versan estrictamente sobre la realidad socioeconómica de estos países con los análisis capitalistas, los primeros, es decir, los marxistas, son más adaptados a la realidad y, sobre todo, a las expectaciones de las mayorías indigentes.

En lo referente a la planificación económica, los marxistas han tenido la prioridad. Es importante establecer la diferencia entre el mecanismo puramente económico, administrativo y técnico de una planificación económica que regule autoritativamente las inversiones, y la filosofía que ha inspirado esa regulación. Regulación que se encuentra inspirada, hoy en día, y practicada en virtud de otras filosofías, por ejemplo, en Israel. Lo que prueba que no está necesariamente ligada a la ideología marxista.

3.2.2.2. Ventajas

Entre las ventajas de una realización marxista, podemos anotar su orientación específicamente popular y el valor de su análisis sobre sociedades subdesarrolladas o en desarrollo. Además, su tradición en la lucha por el cambio de estructuras y por la planificación técnica.

3.2.2.3. Desventajas

Los marxistas ortodoxos corren el riesgo de ser dogmáticos en materias tan complejas, tan mutables y tan contingentes como las socioeconómicas. Igualmente, en lo que se refiere a tácticas, los «miembros del partido» siguen esquemas prefabricados que, en muchos casos —como en Cuba—, los obligan a marginarse en las luchas revolucionarias que se separan de esos esquemas.

En cuanto a los marxistas heterodoxos, el riesgo que pueden correr es el de perseguir fines truncos y recortados por estar limitados a las concepciones materialistas. Respecto de los medios, es probable que muchos de estos coarten algunos derechos humanos.

3.2.3. Realización dirigida por elementos no definidos

3.2.3.1. Probabilidades

La lucha revolucionaria no se puede realizar sin un *Weltanschaung*[3] completo e integrado. Por eso es difícil que en el mundo contemporáneo occidental esta lucha pueda realizarse fuera de las ideologías cristiana y marxista, que son, prácticamente, las únicas que tienen un *Weltanschaung* integral. Por esta razón es también difícil que las personas no definidas en alguno de estos campos ideológicos puedan asumir un liderazgo revolucionario.

Estas personas pueden contribuir en la medida en que estén comprometidas (*engagées*) y en la medida en que sean técnicas.

3.2.3.2. Ventajas

Las personas no definidas tienen la ventaja de despojar de dogmatismo las luchas políticas, siempre y cuando estas personas tengan influencia y obren de buena fe.

3.2.3.3. Desventajas

Los extremos pueden ser desventajosos en aquellos que no obran en virtud de una concepción total del problema: constituirse en idiotas inútiles de alguno de los sectores y obrar sin ninguna mística.

3.3. Actitud del cristiano ante las realizaciones en materia de cambio de estructuras y planificación económica en favor de las mayorías

Después de lo expuesto queda muy claro que el cristiano, en los países pobres, no solamente puede, sino que debe comprometerse en el cambio de estructuras para lograr una planificación técnica en favor de las mayorías.

---

3 Una cosmovisión. En el texto se refiere a que solo el cristianismo y el marxismo poseen un proyecto que corresponde a una completa concepción del mundo. *(N. del E.).*

De hecho, las mayores reticencias para adoptar esta actitud le vendrían al cristiano en caso de que la acción, para los objetivos expresados, fuera encabezada por los marxistas.

En tal caso el cristiano tendría tres alternativas:

- El rechazo de esa acción.
- La abstención.
- La colaboración.

El rechazo o la abstención ante una acción que en sí sería benéfica para la mayoría debe ser motivo de reflexión para un cristiano. Para decidirse a ello se necesitaría demostrar que los medios empleados son intrínsecamente malos o que hay fines inevitables que también lo son.

En lo que se refiere a la planificación económica, el fin principalmente buscado es el de controlar las ganancias y las inversiones. El medio sería la intervención del Estado tanto cuanto fuera necesario en los medios de producción.

Es posible que esa intervención llegue hasta la nacionalización de algunos o todos los medios de producción.

Este fin y este medio no son intrínsecamente malos. Más aún, si emplear este medio y buscar este fin es la forma como se logra mejor el bien común en una sociedad y en una época histórica determinada, se vuelve moralmente obligatoria la colaboración para realizarlos.

Queda, por último, el problema de los otros fines buscados y los otros medios empleados por los marxistas.

La colaboración con estos implica un problema de moral y un problema de táctica que están íntimamente ligados:

Un problema moral si hay fines malos que pueden ser consecuencia del fin esencial, o si se utilizan, de hecho, medios malos.

Si es así, el rechazo o la abstención aún no son necesarios hasta probar qué clase de mal se evita y qué tipo de causalidad tienen los fines malos respecto de los buenos —causalidad eficiente, total, esencial, etcétera—. En la realidad histórica de los países subdesarrollados estas circunstancias son difíciles de constatar. La revolución es una empresa tan compleja que sería artificioso encasillarla dentro de un sistema de causalidad y finalidad tan homogéneamente malo. Los medios pueden ser diversos, y en el curso de la acción es fácil introducir modificaciones.

En cuanto al problema de táctica, es necesario preguntarse: la colaboración decidida y técnica de los cristianos en un proceso que, en sí, es justo, ¿no podría descartar medios y fines malos?

Si se analiza de cerca la problemática marxista, creo que se puede contestar afirmativamente. El materialismo dialéctico y el materialismo histórico aparecen dentro del proceso mental de los marxistas como una especulación tan demasiado útil para la práctica revolucionaria, como para que pueda ser objetiva. Además, el enfoque materialista da a los marxistas una tendencia hacia lo positivo.

Si se logra la aplicación de los principios económicos y sociales, es probable —y de hecho ha sucedido en casos como el de Polonia— que su insistencia en las especulaciones filosóficas se desvanezca. Es más, los últimos planteamientos de Togliatti[4] sobre la táctica antirreligiosa muestran cómo el marxismo tiene que evolucionar en su teoría si en la práctica se demuestra que la religión no es «el opio del pueblo».

---

4 Palmiro Togliatti (Génova, 1893-Yalta, 1964), político italiano, contribuyó a la creación del Partido Comunista en su país, del que fue su secretario general. Exiliado durante el fascismo, vicepresidente del gobierno entre 1944 y 1945 y ministro de Justicia de 1945 a 1946, se mostró a favor de la desestalinización y del policentrismo en el seno del movimiento comunista. *(N. del E.).*

Para realizar la colaboración que se ha planteado, es necesario tener en cuenta ciertas normas, para no correr el riesgo de servir como «idiota útil».

> Determinar si tal momento —el de los contactos con no católicos— ha llegado o no, como también establecer las formas y el grado en que hayan de realizarse contactos en orden de conseguir metas positivas, ya sea en el campo económico y social, ya también en el campo cultural y político, son puntos que solo puede enseñar la virtud de la prudencia, como reguladora que es de todas las virtudes que rigen la vida moral, tanto individual como social. Por esto, cuando están en juego los intereses de los católicos, tal decisión corresponde de un modo particular a aquellos que en estos asuntos concretos desempeñan cargos de responsabilidad en la comunidad; siempre que se mantengan, sin embargo, los principios del derecho natural al par que la doctrina social de la Iglesia y las directivas de la autoridad eclesiástica. (Juan XXIII: *Pacem in terris*, Ed. Paulinas, Bogotá, 1963, pp. 61-62.)[5]

Es importante, por lo tanto, que la colaboración se establezca:

- En el plano de la acción, en el cual se puede concretar el alcance y las implicaciones doctrinales.
- Conociendo muy bien tanto los fines y medios más eficaces, de acuerdo con la técnica y las circunstancias, como los fines y medios que corresponden a la teoría marxista.
- Con decisión y sin timidez, ya que la mayor autoridad aceptada por la sociedad que necesita un cambio de estructuras

---

5 En la edición de *Cristianismo y Revolución* se intercala la referencia de Juan XXIII. Evidentemente se trata de la utilización del documento papal citado, para mostrar las coincidencias con las afirmaciones del propio Camilo. Optamos por respetar la edición de la que tomamos el texto. *(N. del E.).*

es la del compromiso revolucionario que, para el cristiano, debe ser el comprometimiento en la caridad. Esta autoridad permitirá exigir concesiones a los marxistas en el caso de que ellos tengan alguna cuota de poder.

4. Conclusiones

Buscar el planeamiento económico autoritativo en los países indigentes es, generalmente, una obligación para el cristiano. Este planeamiento es una condición para la eficacia en el auténtico servicio de las mayorías y, por lo tanto, es una condición de la caridad en estos países.

Es más probable que los marxistas lleven el liderazgo de ese planeamiento. En este caso, el cristiano deberá colaborar en la medida en que sus principios morales se lo permitan, teniendo en cuenta la obligación de evitar males mayores y de buscar el bien común.

En estas condiciones puede ser que en los países subdesarrollados no se repitan las luchas entre los grupos que pretenden las reformas estructurales en favor de las mayorías. Sin claudicaciones, sin vencedores ni vencidos, los cristianos podrán participar en la construcción de un mundo mejor cada vez más cercano a su ideal del Amor Universal.

¿Comunismo en la Iglesia?*

¿Cuál es su opinión acerca de las revelaciones hechas por el presidente Valencia[1] *sobre la infiltración comunista en la Iglesia?*

Desde el punto de vista estrictamente teórico, cuando se habla de Iglesia se habla de todos los bautizados, tanto con bautismo sacramental como con bautismo de deseo. Esto comprende una gran parte de la humanidad puesto que todos aquellos que están de buena fe se supone que tienen el bautismo de deseo. En este sentido, no creo que se pueda hablar de infiltración comunista en la Iglesia ya que, en Colombia, creo que un alto porcentaje de los comunistas son bautizados.

Si se habla de infiltración, lo más lógico es suponer que hay miembros de la Iglesia que, diciéndose católicos, realmente son comunistas. Para averiguar si esto sucede, no quedaría más remedio que establecer un tribunal como el antiguo tribunal de la Inquisición para que detectara a los infiltrados comunistas dentro de la Iglesia.

---

* En la edición de *Cristianismo y Revolución* aparece solo la siguiente referencia: *La Hora*, Bogotá, (29): 27-28; mayo 1965. *(N. del E.)*.

1 Guillermo León Valencia (Popayán, 1908-Rochester, 1971), dirigente del Partido Conservador en Colombia y presidente de la República entre 1962-1966. *(N. del E.)*.

Sin embargo, en el lenguaje vulgar, cuando se habla de la Iglesia colombiana se habla de los obispos y sacerdotes, y cuando se dice que hay infiltrados dentro de la Iglesia, la opinión pública entiende que se trata de infiltrados dentro del clero. La investigación que podría esclarecer esta situación supone una labor inquisitorial que establezca dentro de la Iglesia el delito de opinión.

Puede ser que el presidente no haya tenido esta intención al hacer su declaración pero, si ella se toma en serio, los efectos no podrán ser diferentes.

Según su criterio, ¿a qué se debe la frecuente información de cierta prensa sobre la existencia de sacerdotes comunistas?

Para poder entender los motivos que mueven a cierta prensa para informar sobre la existencia de sacerdotes comunistas, tendríamos que analizar el fenómeno del macartismo en general.

Toda clase dirigente tiene sistemas de defensa, algunos informales y otros formales. Cuando se trata de una clase dirigente impopular y minoritaria, es necesario que esta busque sistemas eficaces para descalificar ante la opinión pública a sus adversarios. La opinión pública se orienta más fácilmente con adjetivos que con disquisiciones filosóficas.

Para desacreditar un puente, basta con ponerle el epíteto de «podrido». Para hacer perseguir a un perro, aunque este sea de nobles condiciones, basta darle el adjetivo de «rabioso». En las primeras épocas de nuestra era, decirle «cristiano» a un individuo era una forma de colocarlo fuera de la ley. Después se le decía «bárbaro» al enemigo del Imperio Romano para poder perseguirlo. Antes de la Revolución Francesa se perseguía a los libres pensadores, liberales, demócratas, plebeyos, etcétera. En la actualidad, la mejor manera de desencadenar la persecución sobre un elemento peligroso para la clase dirigente es llamarlo «comunista».

La clase dirigente colombiana ha considerado a la Iglesia y al Ejército como aliados incondicionales suyos; es natural que, cuando aparecen sacerdotes o militares inconformes, considere que su estructura interna comienza a resquebrajarse. Por lo tanto, sacerdotes y militares inconformes constituyen un elemento mucho más peligroso para el sistema que los mismos comunistas afiliados al partido. De ahí la necesidad para la clase dirigente de desacreditarlos ante la opinión pública, tildándoles de comunistas. La prensa servidora de esta clase no puede adoptar una política diferente.

¿El clero colombiano peca de comunista o de anticomunista?

El clero colombiano ciertamente no peca de comunista. El comunismo tiene un sistema filosófico incompatible con el cristianismo, aunque en sus aspiraciones socioeconómicas la mayoría de sus postulados no riñen con la fe cristiana.

Para decir que peca de anticomunista se necesitaría hacer una investigación sobre las pastorales, los escritos, los sermones de nuestros obispos y sacerdotes. Sin embargo, mi impresión personal es que el comunismo ha sido considerado como el principal mal de la cristiandad en nuestra época. Este es un enfoque poco teológico y poco científico.

Poco teológico porque el principal mal de la cristiandad es la falta de amor, tanto dentro de ella misma como respecto de los no cristianos, incluyendo a los comunistas. Por la falta de un amor eficaz traducido a las estructuras temporales en una forma científica por parte de los cristianos, ha surgido el comunismo como una solución, con todos sus aciertos y sus errores.

Desde el punto de vista científico la posición del cristiano no debe ser *anti*, sino en favor del bien de la humanidad. Si este bien no se puede realizar sino cambiando las estructuras temporales, sería pecaminoso que el cristiano se opusiera al cambio. Solamente la crítica discriminada y científica del comunismo, con vistas a la realización de este bien, puede justificar, no una posición anticomunista, sino una posición científica que implique rechazo de todo lo que sea anticientífico.

Según su juicio, ¿la actitud del clero colombiano ante los problemas sociales requeriría una revisión?

En general, yo creo que la actitud del clero colombiano ante los problemas sociales sí requiere una revisión. Esta revisión se podría resumir así:

1. Preocupación por el bienestar de la humanidad más que por preservarla del comunismo.

2. Descartar la beneficencia ocasional y paternalista como forma habitual de acción.

3. Concentrar los esfuerzos en la formación de un laicado capaz de transformar las estructuras temporales desde su base, atacando así el origen de los problemas sociales.

¿El clero colombiano tiene mentalidad capitalista?

Para poder juzgar la mentalidad de un grupo social, se requeriría un análisis bastante profundo. Sin embargo, yo considero que el clero colombiano, por lo menos en la impresión que deja ante la opinión pública, aparece con una mentalidad más feudal que capitalista, y en el mejor de los casos, con una mentalidad netamente capitalista.

La mentalidad feudal se caracteriza fundamentalmente por el deseo de posesión, haciendo caso omiso del lucro, de la productividad y del servicio a la comunidad.

La mentalidad capitalista, por el deseo del lucro, sin considerar el servicio a la comunidad.

Ante la opinión pública el clero colombiano aparece como un grupo con deseo de posesión. En las esferas jerárquicas más altas, y principalmente en los sectores urbanos, creo yo que aparece como un grupo con deseo de lucro. La opinión pública colombiana me parece que no tiene conciencia de que la Iglesia gaste dinero en servicio de la comunidad.

¿El comunismo debe ser puesto fuera de la ley?

Desde el punto de vista teórico, creo yo que la mejor arma para combatir las ideas son las ideas; la mejor arma para combatir los movimientos políticos es mostrar una mayor eficacia en el uso del poder. Por lo tanto, las disposiciones legales en contra de ideas o de movimientos políticos son, en mi concepto, una demostración de debilidad ante ellos.

Sin embargo, si en un país a los comunistas se les considera, de hecho, excluidos de los cargos públicos, del derecho a ser elegidos, se les excluye de las cátedras universitarias y, en muchas ocasiones, pierden el derecho de estudiar y de trabajar, sería una posición menos hipócrita declararlos oficialmente fuera de la ley que conservar una legalidad aparente, puramente táctica, para disfrazar ese estado de cosas con un ropaje democrático a fin de evitar que los adversarios capitalicen la mística que les daría la ilegalidad y el hecho de ser considerados como víctimas.

Declaración a la prensa

(Junio de 1965)

Cuando existen circunstancias que impiden a los hombres entregarse a Cristo, el sacerdote tiene como función propia combatir esas circunstancias, aun a costa de su posibilidad de celebrar el rito eucarístico, que no se entiende sin la entrega de los cristianos.

En la estructura actual de la Iglesia se me ha hecho imposible continuar el ejercicio de mi sacerdocio en los aspectos del culto externo. Sin embargo, el sacerdocio cristiano no consiste únicamente en la celebración de los ritos externos. La Misa, que es el objetivo final de la acción sacerdotal, es una acción fundamentalmente comunitaria. Pero la comunidad cristiana no puede ofrecer en forma auténtica el sacrificio si antes no ha realizado, en forma efectiva, el precepto de amor al prójimo.

Yo opté por el cristianismo por considerar que en él encontraba la forma más pura de servir a mi prójimo. Fui elegido por Cristo para ser sacerdote eternamente, motivado por el deseo de entregarme de tiempo completo al amor de mis semejantes.

Como sociólogo, he querido que ese amor se vuelva eficaz mediante la técnica y la ciencia. Al analizar la sociedad colombiana me he dado cuenta de la necesidad de una revolución para poder dar de comer al hambriento, de beber al sediento, vestir al desnudo y realizar el bienestar de las mayorías de nuestro pueblo.

Estimo que la lucha revolucionaria es una lucha cristiana y sacerdotal. Solamente por ella, en las circunstancias concretas de nuestra patria, podemos realizar el amor que los hombres deben tener a sus prójimos.

Desde que estoy ejerciendo mi ministerio sacerdotal, he procurado por todas las formas que los laicos, católicos o no católicos, se entreguen a la lucha revolucionaria. Ante la ausencia de una respuesta masiva del pueblo a la acción de los laicos, he resuelto entregarme yo, realizando así parte de mi labor de llevar a los hombres por el amor mutuo al amor de Dios. Esta actividad la considero esencial para mi vida cristiana y sacerdotal, como colombiano. Con todo, es una labor que actualmente riñe con la disciplina de la Iglesia actual.

No quiero faltar a esta disciplina ni quiero traicionar mi conciencia.

Por eso he pedido a Su Eminencia el Cardenal que me libere de mis obligaciones clericales para poder servir al pueblo en el terreno temporal. Sacrifico uno de los derechos que amo más profundamente: poder celebrar el rito externo de la Iglesia como sacerdote, para crear las condiciones que hacen más auténtico el culto.

Creo que mi compromiso con mis semejantes de realizar eficazmente el precepto de amor al prójimo me impone este sacrificio. La suprema medida de las decisiones humanas debe ser la caridad, debe ser el amor sobrenatural. Correré con todos los riesgos que esta medida me exija.

Al Obispo Coadjutor de Bogotá

Excelencia,

(Esta forma tradicional en que me refiero a Ud. no significa nada en contra del espíritu fraternal que quiere tener esta comunicación con un hermano mayor a quien Dios, por su Providencia, ha puesto para representarlo ante mí). Cuando Su Excelencia propuso que me retirara de mi trabajo actual para encargarme de la investigación de los elementos necesarios para planear la pastoral en nuestra Arquidiócesis, yo le pedí un plazo para acceder a esa petición. Los argumentos que aduje estaban basados en motivos de caridad para con muchas personas que dependían de mi trabajo y cuya situación sería incierta en el caso de que yo me retirara inmediatamente. Estos argumentos creo yo que eran válidos y Su Excelencia lo estimó así.

Sin quitarle nada a su validez, he reflexionado sobre la reacción íntima que me produjo su propuesta: sentí una profunda repugnancia de trabajar con la estructura clerical de nuestra Iglesia.

He aprovechado mis retiros espirituales para profundizar un poco en esta reacción que en un sacerdote parece, si no absurda, por lo menos inconveniente.

Mi labor como sacerdote se ha desarrollado durante más de diez años bajo la autoridad de mi obispo, pero un poco al margen de la estructura clerical. Esta situación me ha podido traer inconvenientes para mi espíritu sacerdotal, pero también puede aportar ventajas para la vida de la Iglesia. Una de esas ventajas puede ser la de haber adquirido una visión más objetiva de la estructura a la cual pertenezco, pero en la cual he participado menos que otros que, quizá por sus capacidades, podrían tener mayor capacidad de análisis, pero que están más implicados en el fenómeno que pretendo describir.

Cuando pensé en la posibilidad de trabajar en la Curia, haciendo una investigación, sentí la seguridad de que se me separaba del mundo y de los pobres para incluirme en un grupo cerrado de una organización perteneciente a los poderosos de este mundo.

Cuando pensé cómo debería dirigir la investigación se me plantearon problemas teóricos cuya solución creo que será, por mi parte, en un sentido diferente u opuesto al que le dé la jerarquía, que deberá valerse de los datos que yo investigue.

La solución de dichos problemas creo yo que es vital para el éxito de la investigación, ya que de ella dependerá la orientación de esta; ya que es imposible investigar todo, es necesario que los resultados correspondan a una problemática común entre el investigador y los que tienen la responsabilidad de la realización de una pastoral en la Arquidiócesis.

Sobre mi problemática personal, quiero escribir a Su Excelencia para que juzgue si yo soy la persona indicada para hacer la investigación propuesta.

1. Por pastoral yo entiendo el conjunto de actividades que deben ejercerse para implantar o incrementar el Reino de Dios en una sociedad y en una época histórica determinadas.

Para poder llegar a un acuerdo sobre la esencia de la pastoral es necesario estar de acuerdo sobre qué es el Reino de Dios. Para poder orientar una investigación es necesario estar de acuerdo en una serie de hipótesis sobre la sociedad colombiana en la época actual.

a) El Reino de Dios es la vida sobrenatural, es la justificación de la Humanidad.

Extender el Reino de Dios o establecerlo es un problema de Vida. Las actividades que deben ejercerse para implantar el Reino son aquellas que conduzcan más segura y eficazmente a la vida.

Dentro de estas, hay algunas prioridades. En mi concepto, el énfasis que hay que ponerle a los medios para establecer el Reino debe seguir el siguiente orden (notando que estos medios no se excluyen, sino se complementan):

- Llevar a la gente a amar, con amor de entrega (ágape).
- Predicación del Evangelio.
- Culto externo. Eucaristía y sacramentos (sacramentales-paraliturgias).

b) La sociedad colombiana es, en su mayoría, una sociedad católica en cuanto cumple con el culto externo (bautismo, confesión, comunión, matrimonio, entierro, misa, extremaunción, procesiones, novenas, escapularios, primeros viernes).

La sociedad colombiana en su mayoría desconoce la doctrina cristiana, aunque sepa de memoria algunas respuestas del catecismo.

Dentro de la sociedad colombiana hay muchos que aman a los demás, con amor de entrega, y que niegan su condición de católicos o, por lo menos, su adhesión a la Iglesia —entendiendo por Iglesia, la estructura clerical de esta—.

2. Si el esfuerzo pastoral se concentra en conservar la anterior situación, es posible que no se obtenga el establecimiento e incremento del Reino de Dios.

Si se acepta la prioridad del amor sobre todo, y de la predicación sobre la actividad de culto, se tiene que abocar la jerarquía a una Pastoral de Misión.

3. La Pastoral de Misión supone:

   a) Énfasis en la calidad y no en la cantidad:

      - Se insistirá más en las convicciones personales que en las presiones familiares y sociales.
      - Se abandonará la exclusividad de educación profesional y se aceptará el pluralismo.
      - Se permitirá la libertad de cátedra.
      - Se hará una catequesis bíblica para niños y adultos.

   b) Énfasis en llevar al amor de entrega más que a la fe y a la práctica.

   c) Énfasis en la predicación del Evangelio más que en el culto externo.

   d) Eliminación de los factores sociológicos y psicológicos que impiden una adhesión consciente y personal a la Iglesia por parte de los que quieren amar y entregarse a los demás. Dentro de estos factores están:

      - Poder económico de la Iglesia.
      - Poder político de la Iglesia:
         - Formal: mediante leyes y concordato.
         - Informal: clericalismo (intromisión, por ánimo de dominio, en el terreno temporal).

- Separación cultural, sociológica y psicológica entre clero y fieles.
- Falta de solidaridad con los pobres.
- Falta de espíritu científico en la Iglesia.

Si la pastoral que se propone llevar a cabo es una pastoral de conservación, será muy difícil que yo pueda colaborar de una manera eficaz, ya que lo haría por obediencia pero contra todas mis convicciones racionales.

Por eso he considerado de elemental honradez manifestar estos puntos de vista a Su Excelencia.

Adjunto a la presente un estudio que me permití hacer sobre la primacía de la caridad.

Creo que mis posiciones anteriores, o las puedo respaldar teológicamente o constituyen hipótesis de trabajo para ser comprobadas con investigaciones empíricas. Sin embargo, estoy dispuesto a retractarme en el momento que se me convenza de error, y a someterme, si se trata de algo que vaya contra el dogma o las buenas costumbres.

De Su Excelencia, fraternalmente. Bogotá, 24 de junio de 1965.

JORGE CAMILO TORRES RESTREPO (Bogotá, 3 de febrero de 1929-Santander, 15 de febrero de 1966) fue un sacerdote, sociólogo y revolucionario colombiano.

Se graduó como bachiller en el Liceo Cervantes en 1946. Luego de estudiar un semestre de Derecho en la Universidad Nacional de Colombia, ingresó al Seminario Conciliar de Bogotá, donde se comenzó a interesar por la realidad social.

Se ordenó como sacerdote en 1954 y luego viajó a Bélgica a estudiar Sociología en la Universidad de Lovaina. En 1958 se graduó y en 1959 regresó a Bogotá, donde fue nombrado capellán de la Universidad Nacional. Allí, junto con Orlando Fals Borda, fundó la Facultad de Sociología en 1960, a la que estuvo vinculado como profesor.

Fundó el Movimiento Universitario de Promoción Comunal (MUNIPROC) y desarrolló trabajos de investigación y de acción social en barrios populares y obreros de Bogotá. Empezó a tener problemas con el cardenal Concha Córdoba, quien no veía con buenos ojos sus labores, y fue destituido de su cargo de capellán, de los trabajos académicos y de las funciones administrativas que tenía en la Universidad Nacional.

En 1963 presentó el ensayo «La violencia y los cambios socioculturales en las áreas rurales colombianas» en el primer Congreso Nacional de Sociología. Presionado por el alto clero, en 1965 renunció al sacerdocio.

Desarrolló numerosas manifestaciones y actos públicos, y publicó el semanario Frente Unido. Hizo contacto con el Ejército de Liberación Nacional (ELN), con el que acordó la continuación de la agitación política en las ciudades y su posterior ingreso a la organización cuando se considerase necesario.

Luego del hostigamiento y la persecución estatal, se vinculó al ELN, y lanzó la «Proclama a los colombianos». Murió en su primer combate, en Patiocemento, Santander. Sus restos mortales fueron sepultados en algún lugar clandestino, desconocido hasta el momento.

;even Stories Press
on Gilbert
40 Watts Street
JS-NY, 10013
JS
ttps://www.sevenstories.com
on@sevenstories.com
10-306-6987

The authorized representative in the EU for product safety and compliance is

:asy Access System Europe
eemu Kontttinen
Austamäe tee 50
CZ, 10621
E
ttps://easproject.com
psr.requests@easproject.com
58 40 500 3575

SBN: 9781925019858
Release ID: 156241387

www.ingramcontent.com/pod-product-compliance
Lightning Source LLC
LaVergne TN
LVHW051005080826
845145LV00009B/2459

* 9 7 8 1 9 2 5 0 1 9 8 5 8 *